美国细节

任孟山　赵永颜　著

山西出版传媒集团　山西教育出版社

目　录

美国精神的细节

中国人在美国

枪与选举

美国的大学与教授

近距离看美国小学

序

远观与抵达 / 任孟山

一

初到美国之时，我颇有些无聊。

这种无聊的感觉主要源于年龄，以及由此累积的心态。虽然未到古人所言“不惑”，但“而立”已过大半，说老实话，这个年龄对很多东西已经没有了新奇感。

不是心态老，而是历经多年的学与读，自以为已经了解了美国的很多情况，无论是美国的政治制度、经济状况，还是美国的发展脉络、现实状态。而且，这么多年来，在美国游学与生活的很多中国人，写了不少有关美国的图书与文章，涉猎内容广泛，我看过不少。除了我们自己的国家，中国人谈到最多的“外国”，估计就是美国了。

更为严重的是，在信息传播全球化的当下，移动互联网的普及与应用，加上智能终端的广泛使用，让这个世界几乎不再有秘密。通过谷歌地图，你甚至可以找到美国的某一条街及其街景照片；通过facebook、twitter、微博、微信，你去旅游或短居之前，可以让在美国的朋友拍一张马上就要入住房子的照片，传给你加以判断或者展示给全世界，也可以让他直接用手机或电脑将视频传给你，让你看到现场……也就是说，我们完全可以足不出户，就目测万里之外的美国。

插一句，我回到中国几个月之后，儿子问我当时在美国的居住地，我在谷歌地图上调出来那栋建筑，不仅看到了楼西侧的车库，还惊讶地发现在楼北侧的路上停着我的二手福特车，除了车牌被人为地模糊处理了，其他地方都清晰得很。静下来的时候想想，陡然心有余悸，当时拍照的设备估计把各色人等也都拍进去了，自己却一无所知。记得有个美国人写了本关于数字时代人们生活状态的图书，名字叫《醒醒吧，你没有隐私!》，大约如此。所谓大数据，在隐私的意义上，让人们更加没有隐私。商家根据收集来的你的个人购物数据，就可以估测你将继续购买的产品，甚至产品的样式、颜色、价格等，然后给你进行精准推送。你不被诱惑，估计很难。

扯远了，回来。

抵达与远观，当然是两个截然不同的概念，但信息传播全球化确实消灭了人们的部分热情，还有对地理的好奇心。因此，来到美国的初期，我没感到太多的稀罕，只不过是在日常生活中，一次又一次地验证了我曾经在各种读物中了解到的情节。我便一次次告诉自己：哦，没错，是这样的。

二

可是，时间稍久，我就发现自己的无知了：有些东西超出了我的知晓范围，有些不是我曾经阅览过的，有些甚至是我不能马上理解的，有些则超出了我在国内积累的生活经验。“纸上得来终觉浅”，彼时，这句诗总是马上跳进我的脑海。

比如，那位总是帮助我们的邻居。当他帮我们一次的时候，除了感谢，我没感到怎么样，我觉得如果是在中国，我也会帮助外国邻居的；但是，当他帮助我们超过5次的时候，我就不仅心存感谢，而是有点感激了，检视自身，我觉得自己好像不会这么有耐心帮助同一个人这么多次；当他帮我们更多次的时候，我忍不住想，为什么？换成是我，我肯定做不到。

再比如，那个声名远扬的宾夕法尼亚大学老教授，在84岁的年纪还整天跑到办公室工作，不仅给学生上课，还几乎一场不落地听讲座，并且经常举手提问。联想起国内一些年纪轻轻就很少再进行知识更新的教授，以及不够勤奋的自己，我感到汗颜。跟他坐在一起听午餐讲座的时候，看着他用哆哆嗦嗦的手，很不容易地进餐，以及后来看到他在办公室摔倒后没过两天半边脸铁青着又来到讲座现场的时候，想不震惊，难；想不考虑为什么，也难。

我的好奇心完全被勾起。

我对遇到的人和事，开始思考和探究背后的原因。比如，美国怎么有那么多全职家庭主妇？不少还是高知家庭主妇。美国物价为什么如此便宜？好多东西换成人民币也比中国便宜。美国教授为什么能专心学术而不热衷当官？以及美国的小孩为什么有那么多体育运动，各种场所为什么都能接受小孩子，残疾人得到的待遇是怎样的等。

我到美国去的任务是访学。不过，在媒体多年养成的工作习惯以及写作习惯，使我不知不觉中养成了社会观察的下意识。这种观察既有源于自身的体验与感悟，也有来自书本的研读与提炼，还有由于跟当地人聊天而丰富起来的信息。不去学校和图书馆的时候，我便邀邻居到镇上的咖啡馆小坐，东拉西扯地问一通；找机会参加各种party，听更多的人回答我的疑问；在国内从不逛街的我，在美国到各种店里闲看，看物价、看国内没有的产品。

渐渐的，我发现很多东西比想象中复杂，大约都是多因一果的逻辑。美国之所以是美国，中国之所以是中国，原因在于每个社会都是一整套装置，每个现象背后，都有无数支撑。比如，美国为什么有那么多全职家庭主妇？保姆很贵，是个社会因素；重视教育，是个家庭因素；一人挣钱能够养活全家，是个结构性因素；主妇愿意在家，不排除个人观念的因素；万一离婚，对女方的照顾更多，是个法律因素；孩子都上学之后，家庭主妇有机会回归社会，是社会接纳与社会认识方面的因素……我想说的是，对于每个社会现象的存在现实，单一理解和单一解释，都是片面的。

待的时间越久越觉得，美国之于中国，在规则与制度层面以外的很多东西，恐怕是我们学不来的。不是说美国社会有多好，而是说每个细节的存在，都有枝枝蔓蔓的细节外因素。这也不单指美国，中国之于美国，很多东西他们不可能学得甚至不可能理解。

走过澳大利亚、俄罗斯等国之后，我越发坚定地认为：每个国家与社会的生成，都有自身的内生过程与机制，这与每个国家的诞生与历史进程相关。而且，这种内生过程与历史会深烙在每个国民身上，从而构成个人意识、大众心理、社会习俗、文化基因，等等。国民性，不是一个虚词。不过，规则与制度的设立，可以更改国民性的基因，就像在生物学中已经成功的各种转基因，说明没有什么不能改变。

三

学术研究要求扎实的论据、严谨的推理、经得起推敲的结论。作为一名搞研究的所谓学者，写社会观察这样的文字，心里还是有所纠结的。因为，社会观察的时间与深度都有限，往往会有浮于表面的嫌疑，况且，社会现象总有“黑天鹅”出现，总有不合常规的事情发生。人不是机器，理性有时候会让位于情感，就像社会学研究、社会运动的成果所显示的——情感和激情是推动社会运动发展的重要动力，而不是理性的规划和有目的、有预谋的策划。

基于此，在下笔试图得出结论的时候，我总是心有悸意，总想考虑到每个要素，有意识地让在社会观察中诞生的情感因素让位给理性，试图让每个结论经得起一番推敲。

但是，我发现，这几乎是徒劳无功的。目及之处，必有遗漏；思索之路，定存跳跃。社会观察的文章，要走出1+1=2的必然逻辑是不可能的。只能说，在集合的意义上，很多人的观察，基于自己的人生体验和社会经验的观察，最后汇总到一起，大概能够构成被观察社会的完整图像，虽然这也不是绝对意义上的。

看这些文章的读者，咱不抬杠，我也不想。这只是我们的观察，我们的体会，我们的思考，我们的逻辑，我们的结论。读时，你若春风般一笑，我便灿若桃花般回你；你若侧目相对，我则视若无睹。

四

中国民间对美国的态度也形成了鲜明分野，这在网络表达中可以轻而易举地找到案例，说美国好与不好都会有不同的意见。

不过，这些态度跟我的文字关系不大，我所做的是将我在美国的观感与体察写出来，与大家分享。无论你去过还是没去过美国，可能对之都会有不同的看法。没关系，这不妨碍我们的交流，人生的体验、旅程的体验要是统一，这个世界就没意思了。

当然，我觉得好的我还是会说好，我觉得不好的我还是会说不好，不会因网上乱给人扣帽子的恶霸行为而有所改变。另外，作为一个中国人，无论别人的国家是否够好，都想让自己的国家变得更好。

五

最后交代一下这些文字的来历。

“近距离看美国小学”栏目的13篇文章，全部出自夫人赵永颜之手，孩子在美国小学上学，她在学校做志愿者，所写部分内容在媒体专栏上曾经刊出过。

其余的，乃鄙人拙笔所作，部分内容也在媒体专栏上连载过，大部分文章都写在2012年8月至2013年8月访学期间，部分文章写在归国之后。由于没想到的各种因素，致使本书的时间跨度看上去很漫长。

没奢望大家能够喜欢，只希望大家觉得还有点意思。

日常生活里的美国

美国物价：什么东西便宜

星巴克咖啡最近占了大便宜，因为有媒体在替它做免费广告，比如大名鼎鼎的中央电视台，便指责星巴克咖啡在中国卖得贵，在美国卖得便宜……结果呢，本以为会因此名声受损的星巴克却凭空赚足了眼球，没花一分钱广告费，店内还多了不少表示鼎力支持的顾客。

按照央视的调查，一杯354毫升拿铁咖啡的价格，北京卖27元人民币，美国芝加哥卖19.98元人民币。这样比较，星巴克咖啡在中国显然比在美国卖得贵。但是，更为明显的是，这样的比较，问题实在太多了，过于缺乏专业性。由于网友已经对此有足够的认知和评论，在此不再置喙。需要补充的是，星巴克在美国不算便宜，因为街边有无数的咖啡店，中杯的咖啡也就1.5美元左右，我所暂居的镇上就是如此，我和邻居霍华德经常过去坐下来聊天。我想说的是，很多物品，即使除去购买力因素，中国比美国贵的东西实在很多，且价差明显。

比如汽油。美国的汽油，夏威夷和阿拉斯加两个州的价格最高，目前是4美元1加仑（1加仑等于3.78升）；在美国本土，西部地区较贵，如加州3.80美元左右，中南部地区，如密苏里州、德克萨斯州，3美元左右；我所在的宾州居中，3.20美元左右。换句话说，即使在美国最贵的州，平均价是每升1.05美元，折合人民币为6.40元；价格相比较为便宜的各州，均价是每升80美分至90美分，折合人民币为4.90元至5.40元。每辆车加满油箱的费用基本在50美元左右，正常上下班的人员每月加油费用不会超过200美元。美国2012年度人均月收入为3263美元，也就是说，加油费占美国人均月收入的比例大概是1/16，甚至更低。以中国目前的油价来讲，一辆车每月加油费用大概为1000元左右，2012年度月平均工资为5223元。

更为明显的是汽车。美国《华尔街日报》2013年9月3日刊登了一篇题为《揭开中国高物价的面纱》的报道，称一辆凯迪拉克凯雷德6.0混合动力标准款汽车在中国卖22.9万美元，而在美国的售价刚刚超过7.3万美元。其实，我在美国的观察是，在美国开这种车的人很少。我专门查过我暂居的纳伯斯镇（Narberth Borough）的收入资料，2010年人均收入为35165美元，家庭收入中位数为60408美元。

家庭收入中位数（Median household income）是指将全体统计的数值按大小顺序排列，形成一个数列，处于数列中间位置的值就称为“中位数”，相对于平均值，中位数更能代表收入的一般水平，因为中位数是家庭收入分布的50%分位数，意味着在所有家庭中收入刚好居中：有50%的家庭收入高于中位数，50%的家庭收入低于中位数。中位数反映了中等家庭的收入水平，反映了普通老百姓的收入水平。

镇上的居民驾驶的汽车牌子很杂，但很少有超过40000美元的汽车，很多都是两三万美元的汽车。我在美国购买的汽车是1999年的福特taurus，行程9.6万公里，售价3493美元，因为是在4S店购买的，比从私人手里购买大概贵了500美元左右。在宾大留学的中国学生，很多都是购买2000美元左右的二手车，私人之间的交易，好多都采取赠予的方式进行转让，原因是不用缴税。

《华尔街日报》的报道还称，斯密街商务咨询公司提供的数据显示，中国的服装价格比美国平均高出70%。该公司对比了中美两国50个品牌的500件商品的价格。我的直觉大概如此，甚至更高，只要有点名气的牌子，比如Polo、Clarks、Banana、Nike、Adidas、Gap、Calvin Klein、Columbia等，即使折合成人民币，价差一倍属于正常，有的更多。如果具体到奢侈品，比如国内大家熟悉的

Coach包，价差就更大了。我在感恩节第一次去费城奥特莱斯买东西的时候，惊讶地发现在每一个店中，都有自己的同胞在购物，在Coach店有不少中国人在排队。

有数据显示，中国消费者境外消费从2010年的540亿美元攀升至2012年的1020亿美元，创下了世界第一。的确如此，中国人在美国购物的样子真称得上是“土豪”。开始我还觉得不理解，后来发现就该如此，因为这中间的价差实在太大，没谁能抵挡得住真金白银的诱惑。整体而言，中国人花美元的豪爽劲儿，虽然在老外那里给人留的印象不好，但是具体到每个人却是理性选择。反讽的是，很多产品都是Made in China，但是在美国卖的价钱比中国便宜。我在美国买过1台联想的IBM Thinkpad笔记本，838美元，后来看到发货过程是从上海经日本再到美国，但是价格比国内便宜200美元。

不过，更让我这样的中国人羡慕的是美国人的房价，在我居住的小镇，有一位移民的中国朋友，买了座三层的house，大约550平方米，外加一个地下室、两个车库、一个游泳池、一亩多地的小院子，一共45万美金，相当于人民币275万元。这样的价钱，在北京的五环连100平方米也买不下。

总体而言，美国的吃、穿、住、行、用都很便宜。但是，中国与美国，有些东西能比较，比如吃、穿、行、用，这些在中国人的收入中占比过高；有些东西不能比较，就像房子的大小：美国地广人稀，真的不是中国能比的。有个移居美国的中国朋友说，中国人要是都住成美国人那样，我们一寸耕地也没有了。不过，如果按照房价与收入的比例计算，中国的房价依然是太高了。

美国物价：什么东西不便宜

美国的物价，相对于老百姓的收入来讲，吃、穿、住、用、行，都算得上便宜，最起码不算贵。那么，美国什么东西不便宜呢？

作为一名常逛书店的读书人和教书人，我在美国最早发现的贵东西是书。由于做研究的缘故，我在国内也常读英文文献，看书之前，总是好奇地看看价格，然后再换算成人民币，觉得不便宜。不过，我在比较的时候，是以中国的书价为参照基准的。我真正感到美国图书的价钱“高大上”，是在美国亲身体验了吃、穿、住、行的物价之后，以美国人的日常支出和收入作为参照基准，发现他们的书真是贵。

一本书的价格二三十美元很正常，四五十美元的书也不罕见，这个价钱差不多相当于一辆轿车满满一箱油的价格。如果以穿衣衡量，在美国给6岁左右的孩子买件Gap或Nike

的衣服，大概也就是二三十美元，甚至更少，成人的衬衣也就是四五十美元一件，一百美元以上的衣服真是不多见。

相比之下，中国的书，且不说盗版，即使正版都足够便宜，平均也就是30元人民币左右，也就是说，差不多10本书才是一箱油的价钱。如果拿衣服的价钱衡量，差距就更大了，Gap或Nike的衣服在中国动不动就三四百，或者更高，也就是说，好多本书才能买件像样的衣服。

再如，各种光盘，无论唱片还是电影，美国的价格都在20美元一张或者更高，没有盗版售卖。我在美国见过的最便宜唱片是15美元一张，这个价格在中国差不多能买10张盗版或者三四张正版。有位朋友在去美国旅行前，本来准备多买点光盘，听我说完之后，一张也没买。

美国文化产品贵的因素之一，是作者的稿酬高。我查到的资料是，美国全国发行的报纸、杂志等，稿费是每个单词0.75美元至2.00美元，合每千字是750美元到2000美元；地方刊物每个单词是0.10美元左右，合每千字是100美元左右。要是能在我们熟知的美国大报上发表一篇长文，像《纽约时报》《华盛顿邮报》等，估计获取的稿费能吓到你。

不过，这样的价格，能够在很大程度上保证有创造力的文化产品的作者过有尊严的生活，反观我们，文化产品生产者的生存窘境，虽然喊了很多年，但是短期内恐怕难有改善。不过，中国也越来越重视版权以及版权对创新创作的功效了。

另外，在美国观看体育运动之类的比赛也价格不菲。比如，美国最受欢迎的橄榄球运动，根据专业售票网站的统计数据，2012年美国橄榄球大联盟的季前赛门票平均每场为62.20美元，常规赛每场为167.75美元。门票最昂贵的球队是迈阿密绿湾包装工队，平均每场为377.02美元；最便宜的是迈阿密海豚队，平均每场为97.88美元。费城老鹰队的门票平均价格位居最贵球队之九，平均每场为227.75美元。这样的票价跟其他产品的价格相比，实属“高大上”。

当然，美国最贵的是人。很多人不请保姆，家庭妇女自己带孩子，这里面的原因当然很复杂，不过，有文化传统因素、社会结构因素、亲子培养因素等，但是，保姆费比较贵是真的。前段时间，《第一财经日报》报道了一则比较轰动的新闻《中国保姆在美最高年薪15万美元》，其实这是对于高端保姆市场而言，这个市场的保姆大概年薪在5万美元到15万美元，一般家庭消受不起。在我居住的费城郊区，全职保姆的月薪是1500美元到2500美元之间。要知道，这个区的家庭中位数年收入不过是6万美元，所以，这价钱已经不低了。

由于人工贵，中产阶层打理house基本上都是自己动手，剪草、修树、弄花等，很少有请人干的。从这个角度讲，美国人的动手能力强，有习惯、传承、社会风气的影响，也有经济因素的影响。

也正因如此，买了就走的快餐价格很便宜，在中国也流行的Subway的三明治，美国价格是5美元左右。但是，你要是在餐馆坐下来吃饭，有侍者为你服务，就完全不一样了，不但菜的价格贵，而且还要付15%左右的小费。一个“干炒牛河”，加上小费要在12美元左右。

▲小镇狄更斯节时的街市

美国是个浪费大国

美国是个不懂节约的国家，甚至可以说是个非常浪费的国家，这体现在日常生活中的方方面面。

刚到美国的时候，我和家人都感到奇怪：为什么路灯在大白天全亮着？当时想，可能是今天忘关了。后来发现，根本不是忘关了，就是天天如此。跟一个长居于费城的中国移民请教，他说："不知道。亮着吗？没注意过哎。"原来以为只是费城如此，结果后来去华盛顿、纽约、波士顿旅游，发现也是如此。而且，美国的长明灯不仅存在于公共场所，很多人家的house（美国中产阶层的普通住房，一般两到三层，有一个大小不等的院子，相当于中国语境中的别墅）也有长明灯。

在美国的公寓楼、办公楼里，一年四季中央空调大开：夏天冻人，冬天燥人。我来美国的时间是8月份，正是费城的炎热时节，所以想当然地穿着短裤、短袖衫到学校去报到，结果在办公室待了一下午，冻得够呛，因为里面的温度实在是太低了。后来我想，美国人要在办公楼里穿西装。一位访学的朋友，租了集体供暖的公寓，冬天热得可以穿短裤。我和孩子每次去他家都热得满身大汗。

我很不理解美国的这种浪费行为，夏天的冷气温度高点儿，冬天的暖气温度低点儿，好像不影响穿西装。像我这种在中国习惯了正常热度的外来户，非常不适应美国的温度，我现在去社区图书馆经常得带外套，因为里面的温度实在太低了，冻得我过敏性鼻炎发作，喷嚏不止。其实，我发现不仅是我带外套，美国人也带外套。真是不明白，何必呢？

不仅在公共场所，在美国人自己的家里也是如此，夏天开着空调盖被子或毛毯，冬天开着暖气光脚丫。美国中产阶层住的house，都是自己供暖，据说一座house用的能源足够中国单元楼的100个家庭取暖。

在中国，去超市购物，自己要是不拿袋子，就得交钱买。在美国，超市的方便袋到处都是，随便用。而且，在很多超市，先在里面用纸袋子包装商品，再在外面用塑料袋子装，其实这根本没有必要。虽然方便袋子标着环保字样，还是看得人心疼。

美国人用的一次性东西超级多，餐卡、餐刀、餐勺、饮料杯、盘子、碗、筷子等，各种一次性的东西应有尽有，有塑料的，也有纸质的，超便宜。美国人喜欢开party，全是一次性用品，每次开完后，丢掉的东西都有几个大垃圾袋。这些东西都不是美国制造的，好多来自于中国和东南亚。纸质的东西，好多都来自于树木，但是美国人自己的树被风吹倒也懒得弄到工厂，都是自然腐烂在林子里，据说是人工费太贵。有位中国邻居想砍自己房子前面的一棵树，砍树的公司报价是2000美金，于是他决定不砍了，还是自己修理树枝吧。

在美国最为消耗能源的汽车，也非常不节约。美国的汽车，排量大、油耗高。不管是美国自己的品牌，还是其他国家的品牌，只要是在美国销售的都如此。日本车比美国车节油只是相对的，整体上都比在中国的排量大。在美国，同样的品牌同样的车型，有比在中国销售的更大排量的款式。所以，我刚到美国的时候，惊诧于路上有那么多大排量车在跑。

后来自己买车时，我在那个4S店竟然没发现1.6或者1.8的小排量车，选来选去，只好买了辆1999年出厂的福特，6缸3.0。用起来立刻发现，美国制造的车的特征非常明显，已经具有十几年车龄的老车，空调系统功能强大，制冷制热速度超快，能让人冬天热得发慌，夏天冻得发抖。跟一位开本田思域的中国邻居聊天，他说，美国车就是这样，设计理念是享受，不是节约。

美国是个车轮上的国家，没有汽车极不方便。很多家庭都有两辆汽车，一辆用于家庭主妇接送孩子和购物，一辆用于男主人上下班。美国3亿人有2.5亿辆汽车。美国的汽车虽然多，但是油价却不高，算起来比中国便宜（参见前文《美国物价：什么东西便宜》）。这可能是美国人喜欢大排量汽车、开得起大排量汽车、懒得节约的重要原因。

在美国这一年的感受是，如果待的时间更久点儿，应该能够发现美国有更多的浪费之处。想想也是，占世界人口5%的美国人消费掉世界上50%的能源，其浪费肯定到处都是。记得大学时听讲座，有位教授说世界上养不起两个像美国这样的国家，彼时听着没啥感觉，这次赴美之后，发现此言不虚。美国人之所以如此浪费，不仅是生活习惯的问题，还因为包括油价在内的各种商品价格的低廉。这跟美国是世界老大有关系，不过，这是另外一个话题。

美国的“学区房”与房价

近日看新闻说，北京海淀区五道口的学区房37平方米预售价是350万元，接近每平方米10万元。虽然地球人都知道北京的房价“那是相当高”，但是如此离谱，还是令人震撼，“五道口”因此被网友戏称是“宇宙的中心”。

中国的学区房问题由来已久，而且现在看来大有水涨船高、天长日久之势。但是，学区房并非中国独有，美国也有。不过，相对而言，美国的学区房价格没有那么离谱，找不到成为“宇宙的中心”的地方。

美国跟中国一样，中小学划片入学。美国的小学从K年级开始，相当于中国的幼儿园大班。K年级以前的幼儿园，均为私立学校或教会学校，需要缴费入学；K年级至高中三年级或四年级（各州学制不一），公立学校均为免费教育，一般时长为12年。

美国在整个基础教育期间，遵循的都是划片入学的原则，全国大概有15000个学区，因此，“学区房”的概念固然不如特别重视“不能让孩子输在起跑线上”的中国突出，但实实在在也存在。比如我的暂居地所在的大费城地区，费城城内虽有几所非常好的学校，但基础教育资源整体不如郊区，而且，城内公立好学校的入学存在困难，需要排队；郊区公立好学校的入学比较简单，基本不需要排队，所以，有孩子的中国家庭往往在好学区买房子，很多带孩子来的访问学者也会因此住在郊区。

这与中国的基础教育资源分布正好相反，国内的好学校绝大多数位于城内，郊区往往是落后的代名词。与中国的“城市化运动”相反，美国在整个20世纪进行的是“郊区化运动”，即中产阶级以上的人群走向郊区。到过费城的游客大概都能够感觉到费城的破旧。这算得上是美国特色，由众多因素促成：既有自然因素——美国地广人稀，不适宜人居住的面积远远少于中国；也有制度因素——美国的税收很大一部分是从哪里来到哪里去，比如，公立学校的教育经费主要来自本学区的房产税，好学区房子贵，公立学校得到的教育经费就高，这就具有一定的“马太效应”，即强者愈强，弱者愈弱。

我接触到的美国家长对孩子的教育也都极为重视，也选学区房，跟我儿子同班的几个孩子的家庭，都是为了孩子上学去年夏天刚刚搬住至此的。但是，与中国的情况有点不同的是，好学区的房子并没有因此贵得离谱，其中的因素也很复杂，我们只解读两个主要因素。

最重要的因素是美国不实行户籍制度，也就是说，作为推高房价的户籍因素在美国不存在。划片入学只跟你是否居住在本学区有关，与你是否拥有房子的产权没有关系，与家长是否为美国公民没有关系，甚至与家长是否拥有合法身份也没有关系。因为租房子一样能够入学，去学区给孩子登记时拿着租房合同就可以，即使你刚刚搬到这个学区也没关系。我去年夏天到学区办公室给孩子登记时，只是签了租房合同，因为租期未到，还没有从费城城内搬到这个学区。

这与中国的情况当然有很大差别，能否将户籍迁至好学区，与你是否拥有房子的产权有关系，家长没有选择，只能买房。北京有些学校不仅要求孩子的户籍在此，父母的户籍也要在此，有的还规定户籍需在本学区三年以上，等等。总之，你家上辈子住在这儿才好呢。美国的学区办公室根本不会考虑这些因素，而且免费教育与孩子的国籍无关。不管孩子是哪国人，也不管孩子是否非法移民，只要到了适学年龄，就能入公立学校，且享受免费教育。

美国的学区房价不特别离谱，除了没有户籍因素，另外一个重要因素是教育资源的分布相对分散，能够用其他方式满足家长的需要。

美国的基础教育跟高等教育一样，都是公立和私立两条发展线，也就是说，有钱不一定非得通过买房才能享受到优质教育，完全可以将买房的钱用来上好的私立学校。众所周知，在美国的高等教育中顶尖大学都是私立的。相对而言，美国的基础教育要好些，不少好学校都是公立的。不过，一般来讲，私立学校都是好学校，但比较贵。比如，奥巴马的两个女儿所在的西德威尔友谊学校的学费，2013到2014学年度是35000美金。但也正因如此，降低了学区房的绝对价值，因为买房与接受优质教育没有必然关系，如果一个学区的房价实在太高，你完全可以不买，让孩子上私立学校。

总之，美国人也选学区房，但是可以只租不买，一样上好学校；好学区的房价比周边也高，但是房价没有北京五道口高得那么离谱，所以，守规矩的美国房地产经纪人很少打什么教育牌来推销房子。

自助式美国加油站

地球人都知道——美国是个车轮子上的国家。拥有3亿人口的美国，汽车保有量是2.5亿辆。在美国生活，没有汽车是不能想象的事情，住在郊区的美国人，一个家庭有两辆汽车是极为平常的。

既然有如此多的车辆，加油站当然就如牛毛之多了。在很多十字路口，往往分布着二至四家加油站。也就是说，无论你在哪个路口，准备转到哪个方向，几乎都能很方便地进入加油站。

在北京的加油站，寒冷的冬季中，往往有几个服务人员站在瑟瑟冷风中，招呼司机停车、收钱、帮司机加油、顺便给顾客推销点清洁剂之类的东西。在美国，我从来没见过这样的情形。因为，美国加油站没人为你服务。

美国的加油站都是自助式的，司机自己动手。一般的程序是，塞入现金或者插入信用卡、迅速拔出信用卡、选择油品的等级、开始加油。完毕后，可以选择要收条，也可以选择不要，然后开车走人。整个过程，你能见到的是在旁边加油的其他司机，见不到任何服务人员。

自助，是美国服务中的特色，在中国生活惯了，刚到美国时要适应一下。比如，不只是加油无人服务，停车也是如此。收费的停车位旁边，或者在大停车场的入口处，都有投币机。你想停车，塞入现金或者插入信用卡，然后选择自己要停多长时间即可。到了时间，自己走人，没人招呼你，也没人跟你说“拜拜”。不过，有人巡查，要是超过了缴费的停车时间，你会发现罚单就放在雨刷器下。

我于去年8月来到美国，在位于费城的宾夕法尼亚大学做访问学者。刚来的时候什么也不懂，以为跟国内一样，给工作人员交上钱，他会帮我搞定一切。我开车到加油站加油，结果发现根本没人服务。因为刚来不懂，不知道怎么加油，也不知道程序，第一次就闹出了笑话。

我把信用卡插进去后，怎么也不出油。于是，我就请在旁边加油的一个美国人帮忙。他很耐心，告诉我信用卡必须拔出来，又告诉我加油的其他步骤，然后开始给我示范。但是，他将信用卡插进又拔出之后，我性急，一下就拔出了油枪，捏在手中听他讲解油品等级的差别。他没看到我拔出了油枪，等他按下油品等级的按键时，汽油一下子冲着他直喷过去。他大叫一声跳到了一边，我也吓了一跳，赶紧松开油枪，向他道歉。因为事发突然，他跳的时候有点失态，姿势不雅，我向他道歉时，他显然意识到了，于是脸红红的，有点害羞。这搞得我很尴尬，本来请人帮忙，结果却惊吓了别人。

不过，除了极少一部分加油站，只有几个油枪挂在那里，周边没有任何服务，对于绝大多数加油站而言，都会提供配套服务。由于竞争激烈，这些服务在不同的加油站各有特色，最常见的是便利店，其他有的是修车，有的是洗车或汽车美容，有的是就餐与住宿，等等。总而言之，加油站工作人员的主要工作不是加油，而是提供配套服务。当然，如果在加油的过程中出现问题，可以求助店内的工作人员。我刚开始因为没有注意到这些情况，就求助了旁边的美国人。

也就是在那个周末，我开车去德拉华州——美国著名的免税州，如果住在这里，从网上买东西也可以免税。在路途中，我到了一个很大的加油站加油。由于已经出州（我住在宾夕法尼亚州），加油时需要信用卡的邮政编码，我接连输入了几次都不行，于是按了油枪旁边的求助按钮。大概过了三分钟都没人来，我就又按了一次。又过了三分钟，有个服务人员慢悠悠地从便利店中走了出来，帮我捯饬半天也不行，就告诉我去店内交钱，然后加油。

后来，我了解到，不是每个加油站都提供这种服务，周末更是如此。记得有一次，在费城西郊遇到这种情况，因为是周末，加油站旁边的店内根本就没人服务。我换了一台机器还是不行，于是就到紧邻的另一处加油站，就可以了。我至今也没搞明白，是加油站的原因还是信用卡的原因？

美国加油站自助式特点形成的原因，据我观察有以下几点：第一点，也是最重要的一点，美国的人工费很高，不像中国的工人那么廉价；第二点，美国的信息化程度很高，加油站的机器都可以接受信用卡和储蓄卡（美国人一般很少用储蓄卡，如果是储蓄卡，加油时需要输入密码）；第三点，是文化习惯和行为习惯的因素，就像中国人都熟悉的美国人教育孩子的故事：孩子摔倒后需要自己起来，美国家长不加帮扶，只站在旁边鼓励孩子站起来。美国的自助式服务到处都是，刚来的中国人需要适应。

美国老人的自主生活

美国老人跟中国老人不同，他们没有义务也不给儿女照看孩子，他们有自己的生活，有自己的兴趣和乐趣，是一种较为自我的状态。我在美国的一年多时间里，没见到过美国老人跟已经结婚生子的儿女住在一起的案例，也没见到过老人给儿女照看孩子的案例。虽然很多时候美国老人与中国老人一样，非常疼爱自己的孙子或孙女。

跟我十分要好的美国邻居是一对老人，男的叫霍华德（Howard），女的叫吉娜（Gina）。他们有一个6岁左右的孙子，名字叫奥兹卡（Ozkar），住在纽约。吉娜特别喜欢奥兹卡，今年美国国庆节期间，吉娜把奥兹卡接到费城，带他玩了大约一周。纽约距费城大概160公里，60岁的吉娜一天开车来回300多公里，接奥兹卡过来，领他去海滩、水族馆等地方玩儿，最后再负责把他送回纽约。整整一周时间，吉娜一直载着孙子到处游玩。我和家人都感慨于吉娜超级旺盛的精力，因为去海滩等地的距离都不近，单程也要100公里，她都是当天开车往返。但即使如此，她也不会像中国老人那样，接孙子过来长期照看。她只是在周末的时候，经常去纽约看望一下奥兹卡，仅此而已。

中国老人就不一样了，即使在美国，一样有着像中国一样的文化传统。我所在的社区有一家中国移民，老人60岁左右，几十年前就来美国了，在美国生了三个儿子。儿子长大成家之后，老人就负责转着给每个儿子照看孩子。住在我们社区的是她的二儿子，有一儿一女两个孩子，老人每天负责接送孩子上下学。去年冬天下大雪时老人摔了一跤，被人送回家，幸好没事。由于老人的孙子孙女和我儿子在一个学校，大家都较为熟悉，她姓吕，我叫她吕阿姨。

我有时候忍不住就来比较她和吉娜的处境：两个人年纪差不多，但是生活状态却完全不一样。吕阿姨每天需要做的事情基本就是料理家务、照料孩子等；吉娜则偶尔去看望一下孙子，有自己的工作，还经常去美容，夏天跟老伴霍华德到海边度假、参加party等。她很忙，但是跟孩子以及孩子的家庭都基本没关系。她有自己的事情，活在一种较为自我的状态里。

距离我大概两公里之处，有座很大的公寓楼，是专门用来出租的（美国有很多这样的楼房，整栋楼都是一个业主，然后雇佣工作人员专门打理出租事宜）。有位来自上海交通大学的访问学者住在那里，他姓林，我称他为“林老师”。因为我们两家的孩子年龄相仿，我就经常开车过去到他家公寓楼下的草地，让两个小孩一起玩耍。有一次，孩子玩耍的时候，我和林老师站在一边聊天，迎面过来了一个美国老头。等他过去之后，林老师告诉我，这个老头可好玩了，快90岁了，有一天碰到他，他居然捧着一大束花，解释说自己有点儿紧张，因为他要把花送给住在旁边的一位80多岁的老太太，那是他的girl friend。我后来见过这位老太太，她非常热情地跟我们打招呼，看到我爱人在领着孩子玩，她说：“Enjoy it（享受吧）！”然后，就跟老头手拉手去超市了。这场景在中国是很少见到的。

我同样很少见过的还有：霍华德的妹妹，60岁左右，住在洛杉矶，是个电视人，做过有关丝绸之路的纪录片，获得过国际艾美奖。有一天，我在霍华德家学英语的间隙聊天的时候，他说他妹妹换男朋友了。我很诧异，但不好意思吱声，只能说Congratulations（祝贺）。但是，私下里还是觉得好玩，60岁了还换男朋友，这与中国老人的观念和状态是迥然不同的。随着时代的前进，单身的老头儿老太太谈朋友、结婚这些事，在中国的城市里虽然逐渐被子女所接受，但老头儿老太太谈朋友的事情并不普遍，一个重要原因首先来自于老人自己持有的观念，认为这么大年纪了，还找什么对象啊。

如果说美国老人与孩子的关系有社会保障的因素，比如美国老人并不依靠子女养活，甚至在某种意义上来说，儿女没有赡养老人的义务，虽然在年轻的时候，父母为养活子女投入的精力和金钱都很多，但正如霍华德所说，子女给予父母的非常少，长大了跟父母说“拜拜”之后，就进入自己的生活了。也就是说，父母和子女的生活交集很少，正因如此，在美国经常会看到有些年纪特别大的老人自己开车，下车后拄着拐棍去超市购物等现象。一方面，美国老人不想也不能跟自己的子女一起生活；另一方面，美国老人的自理能力确实很强，他们能够自主地安排自己的生活，跟子女谁也不依赖谁。

美国人为什么能一辈子租房

不像很多人所想象的那样：美国作为全球最牛的发达国家，每个美国人都拥有自己的住房。实际上根据常被引用的数据来看，大约只有60%的美国人拥有自己的住房，其余的美国人都是租房，有些人甚至一辈子租房住。

对于美国人能够一辈子租房的解释，有很多种说法。比如，美国人的工作流动性大，一辈子要换六七次工作，没稳定下来的时候不买房，要不然搬家很麻烦；再如，有些人不愿意自己修理庭院，以及面对房产税等各项支出的麻烦，租房省事；还有，钱不够，买不起，只能租。

但是不管哪一种说法，最终需要落实的问题是，这些美国人得有房子可以租一辈子才行。也就是说，必须先有可供租一辈子的房子，才能有一辈子租房的美国人。我说的这种房子不是像中国一样，家里买了两套房或三套房，然后把不住的租出去，等自己的儿子或姑娘结婚的时候再收回来。美国这种可供租客租一辈子的房子，是专门用来出租的房子，而不是房东及后代未来用来自主的房子。这种房子，房东或公司可以购买一栋或几栋公寓，可能包括数百套房屋，专门用来出租。

我所租住的房子是个三层的公寓，每层4户，一共12户，都是一室一厅，目测面积在90平米左右。这一栋楼所有房屋的产权都属于一个房东。房东雇佣了自己的一位来自波兰的亲戚进行专门打理，他所干的活儿包罗万象，只要跟房子有关的事情他都得干，包括剪草、扫地、扫雪、清理公共区域的地毯、处理与水电暖相关的事情、收拾大家提出来的垃圾，等等。在他家里有个专门的紧急呼叫器，房客有事可以马上找到他。

在我居住的旁边大约两公里的地方，有个巨大的公寓，好几栋楼连在一起，再加上旁边的公寓，应该有两三百套房子，都是用来出租的。房型不像我住的那栋小公寓那么单调，而是一居、两居等各种房型都有。由于房子数量很多，就有了专门的出租办公室，做接待问询者、处理租房合同、维护修缮等各种事宜。在这种情况下，房客是不需要面对房东的，面对的只是房东的代理人。

与此相比，在中国现有的住房制度设计中，缺少这样的房屋类型。不限购的公寓类型的房子，租房价格较高，好多都是外国人居住。一般人找房子的时候，都不得不面对房东，即使有中介，其功能在你们签完合同之后就结束了。面对房东还不要紧，要紧的是由于绝大多数房东都不过是多了一套房或两套房用来出租，或者甚至由于孩子上学等原因，暂时将自己手中的唯一的房子租出去，等孩子毕业再搬回来——这些情况导致的问题是住房稳定性差，即使房客想长期租住也不行。也就是说，由于没有可供永远出租的房子，房客与房东之间的关系都是短期的，无法长久。

但是，美国那种专门用来出租的房子就不一样了，正好相反，房东自己根本不住用来出租的房子，而且，即使换了房东，或者说换了房子的产权所有人，这些房子还是要用来出租。换言之，这种房子的功能就是用来出租的，想住的人可以一辈子住在里面，房客与房东的关系是一种超长期关系。房租当然是有变化的。不过，由于美国的物价波动不大，房租每年也相对稳定。邻居霍华德告诉我，他已经在我们所住的公寓里住了十多年了，时至今日，依然在那里，看样子不准备搬家了。

其实，我觉得如果中国有这样的房子，可能有些人也会选择租一辈子。或许，这个世界上没有谁打心底里愿意租房，特别是要租一辈子，可资参照的对象就是，有钱人没有谁租房来住。但这个世界性的问题是，很多人手中的钱可能永远没法买房，需要一辈子租房；还有一些人可能是在能租能买之间，不过由于选择的生活方式不一样，或者生活理念不一样，愿意一辈子租房。但是，不管如何，这个社会需要提供的是能够让人租一辈子的房子，而不是总要搬来搬去。

再说美国人为什么能一辈子租房

很多人把中国人爱买房认定为是历史文化因素，因为我们从农业社会发展而来，有买房置地的社会文化习惯，没有自己的房子，是混得不成功的表现；还认为美国人愿意租房，跟他们的社会文化因素有关，因为他们本来就是个移民社会，迁居已成社会文化习惯，租房算不上混得不好的表现。

这样的解释有其合理之处，毕竟每个社会都有自己积淀下来的历史文化因素，正因如此，每个社会才有自身的独特之处。但是，这样的解释也不是没有问题，例如，从农业社会发展而来的国家比比皆是，中国人的买房意愿却极为强烈；再如，移民国家也不是美国这一个，其他移民国家的租房现象却不如美国引人注目。也就是说，美国人愿意并能够租房，一定还有其他因素。从家庭与社会的角度讲，至少还可以有两个方面的解释。

其一，就家庭而言，租房者关注的重要问题是孩子的教育是否能够得到保证。每个家庭在租房之时，房子与单位之间的距离以及通勤虽然在考虑之内，但要优先考虑的恐怕还是孩子的学校。我在美国观察的感受是美国家长在孩子身上的付出不比中国家长少，特别是在孩子的未成年阶段。支持这种观察的社会根据是美国的公立学校在义务教育阶段是免费的，却依然有那么多学生去读昂贵的私立学校。美国家长比中国家长轻松的地方在于等孩子长大成年就不再怎么付出了，中国家长却要为孩子忙活一辈子。

对于孩子的教育来说，如果家庭租房与买房一样可以享受到当地的教育资源，显然就少去了阻力。这一点如果跟中国的情形加以对比，就会更容易解释。孩子读书的事情在中国不但跟有无房子有巨大关系，甚至跟你的房子在片区的时间长短还有关系，好的学区可能会要求孩子的户口在片区的时间不低于三年乃至更长，才有资格上当地的学校。在这一点上，美国家庭租房没有这方面的顾虑，无论你是美国人还是外国人，孩子到了上学年龄，只要你有个租房合同，都可以到当地去上学。

其二，就个人而言，租房者关注的是能否享受到当地的各种社会保障，比如养老、失业、医疗、工作机会等。大体来讲，由于美国没有户籍制度，社会保障跟自己的社会安全号码（SOCIAL SECURITY NUMBER）相关，而跟你走到加州还是宾州，是买房还是租房，都没有关系。需要注意的是，美国的税收主要是地税，其理念是你只要居住在此，无论是买房还是租房，反正都要给当地缴税，这样就可以享受到当地的社会保障与福利，包括当地的社区图书馆，只要有租房协议，就可以免费使用。

从这个意义上来说，我们中国人有的时候也不是非要拼命买房子不可，而是因为不买房子好多问题都解决不了，比如孩子上学的问题；甚至即使买了房子也解决不了，比如你要是外地户口，买了房子在北京等大城市也是暂住人口。此外，社会保障的异地接续还没那么方便，尤其是对农民工而言，很多人因此在离开某个城市的时候，要把社保退出来。

概而言之，美中两国的实际情形不同，关于房子的理解与表现也就不同。单就租房而言，美国的租房状况之所以普遍，跟上述所说的孩子教育与社会保障等因素密切相关。每个人都不是活在真空里，因此他们的行动需要考虑到多种因素。租房这样的事情也一样，需要有社会诸多要素的支持。那么多美国人能够到处迁徙以及租房住很长时间乃至一辈子，在很大程度上是有各种社会要素的支持。换言之，人们不因租房而有太多不便，租房与买房在社会附加意义上的差距不是特别显著，这样才有可能让人不至于有太大心理压力地租房住一辈子。否则，天天想着要是买了房子很多事情就可以解决了，人们自然着急，迫使自己去买房子。因此，没有社会要素支撑，租房者的社会压力、心理压力和社会文化压力都要大很多。

美国社会如何对待残疾人

那是个秋天的早晨，我从家里坐火车到宾夕法尼亚大学上课。宾大在火车站旁有送宾大师生去学校的公交车，只要你有宾大发的通用卡就可以免费乘车，不过，那个早晨我上错了公交车，看到了我没见过的一幕。

公交车行走到接近宾大的那一站时，开门之后，等乘客下完，突然车身一沉，我感觉整辆车好像下沉了5到10厘米，而且有些偏右侧下沉。我很奇怪，以为发生了什么事情，就伸长脖子往前看，只见有个人坐着轮椅，自己推着上了车，司机将前排的座位自动折叠起来，给轮椅让出了足够大的地方。我意识到，有残疾人上车了，公交车前两排座位有相应的标志。后来我在公交车站，站在车的外面，又目睹过一次，发现公交车下沉是因为它要降下来跟马路沿等高，同时伸出踏板，让轮椅可以顺利上行。

公交车上标有老幼病残孕的座位，在国内的城市比比皆是，但是像美国这样的公交车以及残疾人轮椅上车的方式，我却从未见过，所以，留下了深刻印象。同时，我曾经工作过的《华夏时报》是中国残疾人联合会的下属单位，也写过几篇关于残疾人事业的社论，因此，我在日常生活中曾经下意识地关注过有关残疾人的新闻和实践，支持残疾人的权利诉求。比如，国内的盲道上原来有时会杵着一根粗大的水泥电线杆，以及从电线杆上拉下来的支撑钢绳，这对盲人的安全是个隐患，这些年经过新闻媒体的报道，这种状况已经大有改观。

那次目睹轮椅上公交车之后，我在平常生活中还发现了不少与残疾人有关的细节。超市、商场、学校、公共机构等各种建筑的残疾人设施就不说了，在日益进步的中国，尤其是较具规模的城市中，都已经普遍，大家不怎么稀罕了。尤其是新建建筑在尊重残疾人权利的理念指导下，都已普及了相关的残疾人设施。但是，在国内还不够普遍的是，电梯里同时配有位置较低的按钮，可以方便坐轮椅者。还有就是残疾人洗手间，如果有一个洗手间，这个洗手间就比较宽大，方便轮椅进出，常人能用，残疾人也能用；如果有两个洗手间，就有一个是残疾人能用的洗手间，而且比平常的洗手间大很多。顺便说一下，美国的很多洗手间有可以放置幼儿的平板，平时立在马桶后面，用时拉下来，可以给幼儿换尿不湿。

另外，在国内见不到的情况是大型超市和商场的旁边都有残疾人停车位，而且这些车位离超市和商场门口最近，方便残疾人出入。不仅如此，普通车辆占据残疾人的车位会被罚款。我在美国见过的车辆最高罚款额是300美元。比较一下，大家就会更清楚这个罚款额度之高：超时停车罚款36美元，挡住消火栓停车罚款76美元，相比之下，300美元的罚款是够高的。同时，残疾人车位比正常人车位要宽，方便轮椅出行。残疾人的车在前风挡上都有着相应的标志，这会方便执法者辨识车辆是否有资格停在残疾人车位上。

在写这篇文章的时候，爱人告诉我一件她在我们所居住的纳伯斯镇上的杂货店看到的情景。她去买东西的时候，有个10岁左右的女孩看上去明显有智障，这个女孩进店之后一直在玩耍杂货店内部给小孩子摆放的小火车。不过，她玩耍结束后就把所有的东西都撒落到地上，然后再到店内别的地方闲逛。店员从来都不关注她，也不管她，她把东西弄到地上，店员不吭声，也不收拾，等女孩离开杂货店，店员才过去收拾落在地上的物品。爱人告诉我，她至少三次目睹过这个场景。

关于残疾人的故事还有很多，但不是我们亲眼所见，所以也就不写了。不过，需要说明的是，美国关于残疾人的权益有着坚实的法律保障，即1990年老布什时期通过的

《美国残疾人法案》（Americans with Disabilities Act of 1990），到2008年，小布什时期又通过了《残疾人法案修正案》，里面比较详尽地阐释了残疾人应该享受的权利，以及国家与社会应该履行的义务。

资料显示，美国有3000多万患有残疾的人，我们国家根据2012年发布的数据，至2010年末残疾人总人数为8502万。换言之，每个国家都有为数不少的残疾人，但是对他们的权利和利益的保障程度是有差别的。无论从人权还是伦理的角度讲，我们都需要平等地对待残疾人，在细节上让残疾人感受到关爱和平等。一个国家的发展程度与温暖系数，往往是体现在细节之上的。

美国的治安好不好

在到美国之前我们一家三口回山东老家，母亲虽说表面上看着挺高兴，但聊天时还是憋不住，来了句："怎么去那儿啊？美国那么乱那么乱的。"

我一愣，想解释，话到嘴边又咽回去了。

我知道，老太太肯定是看电视上成天说美国很乱受到的影响，特别是发生重大枪击案的时候，国内媒体会经常报道。

另外，我没去过美国，虽说比老太太知道的多点儿，但没有亲身体验过，没什么发言权，觉得也不一定能说服她。所以，想了想，只说了句宽慰她的话："没事儿，我们小心。"

到了美国体验之后，发现治安至少比国内媒体报道中的要好。我们觉得美国治安不好，可能主要是因为美国枪支多，一旦出事就是大事，犯罪后果比较严重，比如有时候发生重大枪击案会有数十人死伤。

我自己的体验是美国的治安好不好跟区域有很大关系。我住的地方，邻居霍华德好多年的习惯都是关门就走，经常不锁门。但是他带我去离天普大学（Temple University）不远的一个地方时，我停车后他让我把车里的导航仪都要拿下来，其实导航仪值不了几个钱。

居住稍久，听闻渐多，知道周边哪些区域治安较差，哪些区域治安较好，不同居住区域之间的治安环境差别很大。也逐渐知道，美国的大城市治安较差，城郊和大片农村治安较好。听闻之后，我专门上网查自己那时候刚刚去过的两个城市，一个是霍普金斯大学所在的巴尔的摩，一个是耶鲁大学所在的纽黑文。去的时候不知道，回来之后听朋友说这两个地方治安较差，上网查了查，确实如此。不过，大学区域都没问题，警力充足，学校的安保也到位。不过，我们一家在两个城市晃悠的时候，没什么治安不好的感觉。回来之后，大家一说，我才觉得脊背发凉。

还有就是无论住在城内的邻居，还是住在郊区的邻居和朋友，都警告我晚上9点以后不要出门或谨慎出门，以防遇到抢劫。有个朋友开玩笑说，美国小偷少，劫匪多，因为偷窃是个技术活儿，需要学习手艺，抢劫比较简单，有胆儿就行，拿着枪一比划，被劫的人乖乖就范。而且，美国人接受的教育是遇到有人抢劫立刻就范，不要抵抗，避免不必要的身体伤害。

此外，不带种族歧视地说，黑人区治安情况较差，白人区较好。白人只是谨慎地提醒我，因为需要保持政治正确，尽可能不让我听着好像有种族歧视。久居美国的中国朋友就直言不讳了，说这是事实，特别是晚上不要去黑人区。我访学的宾夕法尼亚大学在城区，很多地方都能看到安保人员，白天其实也看不到什么，但是晚上9点以后，学生可以打电话让校警送回家，有专门的车辆。

治安跟居住地区的居民肤色有关，跟大城市的市区和市郊区域治安差别有关，这有很多历史原因，不是只言片语能说清楚的。简单来讲，在美国的逆城市化运动中，白人选择了向城外移动，由于工作机会多、房租便宜等因素，黑人更多地留在了市区。但这也只能大概而言，因为市区也有治安很好的地方。另外，这是经济实力决定的，越是富区越安全，越是穷区越不安全。就像越是富区学校越好，越是穷区学校越不好，都是良性循环或恶性循环。因为，关于社区的各种信息都是公开的，网上都可以查得到，大家买房之前都会参考治安等公开信息。美国政府和社会都清楚社区间的明显差别，也在找一些办法缓解，但效果一般。

不过说到底，对于我们单个个体来讲，整体治安情况能够让我们具有安全防范意识，遇到抢劫或枪击事件也都是小概率事件，不管居住在哪里，都要保持基本的安全意识，比如天黑少出门，尤其是不要单独一个人出门；出门尽量开车，而不是步行；不要有太强的猎奇心，非要到别人说治安不好的地方探个究竟……这些，即使在我们中国，也应如此。

总之，美国的治安好不好没法一概而论，只能说在整体上有些规律，比如大城市不如小城市，城市不如郊区和农村，黑人区不如白人区，穷人区不如富人区，等等。但是，具体而言，就有包括个体在内的更多因素了。现代社会是个风险社会，治安再好的地方也有犯罪行为，治安再不好的地方也有人能安居到老。

美国其实很传统

美国和中国：哪个更传统

在美国一年有余，有一个问题始终困惑着我，很多时候我都在想，美国和中国，谁比谁更传统？

2012年圣诞节前夕，我们全家要出远门到奥兰多的迪斯尼乐园去玩，好心的美国邻居霍华德便开车送我们去机场。按照约定的时间，霍华德敲响我家的门。一打开门，看到他怀里抱着满满的礼物，礼物都用漂亮的红色纸包装好。霍华德还将一个纸质的贺卡送给我们。

远行归来，我们去霍华德家学习英文，我吃惊地看到他家有一面墙上贴着很多很多的贺卡。霍华德既是我们的邻居，同时也是我们的英文老师，他免费教我们英文。通过多次的学习和沟通，我们知道霍华德对中国很感兴趣，他在几所大学当语言老师，他的学生中有不少来自中国。我说我第一次看到这么多的贺卡贴在墙上，感觉很特别。霍华德解释，就像中国过年贴春联，他们把自己收到的圣诞和新年的节日贺卡贴在墙上，也是一种风俗和传统。他说，在美国没有人会寄电子贺卡给别人。他很好奇地问我，现在我家过年是不是自己写春联、贴春联？我告诉他，小时候，我们的确是自己用毛笔写春联贴在自家门上

▲霍华德家的贺卡墙

的。那时候，我们过节也喜欢寄出贺卡和收到贺卡，但是，二三十年过去，今天在中国寄纸质贺卡的人越来越少；春联也几乎不再自己写，只买现成的了。

在美国，几乎任何一个商店或超市都售卖各种卡片：生日的、节日的、结婚的、乔迁的，各种各样。我注意到，仅就生日贺卡，从1岁到100岁，都很容易买到。

除了贺卡这种“时效”用品，再来说邮件。平时，很多美国人依然通过传统的邮寄方式来送出邮件，而不是直接发一封电子邮件。刚到美国给孩子联系学校时，填写完各种表格，我问工作人员什么时候告诉我们能否上这所学校？工作人员说会寄一封信到你们家里。我当时心里还挺纳闷，电话不是更快捷吗？后来慢慢了解加理解，才明白在这里太多的东西要通过邮寄这种传统的方式实现，譬如，你的水、电、网、看医生等的各种账单会通过邮局寄到家里的信箱。你给房东交的每月的房租，也不必去银行转账或者和房东当面交接，你只要每月按时写一张支票，装入信封，扔到路边的邮筒里就一切OK。

还有一点值得关注的差异是，在美国有孩子的家庭几乎都是全职妈妈来照顾，她们全身心地投入到对子女的教育和照顾中。美国人现在的家庭结构正是中国之前的传统结构：男主外、女主内。而现在在中国，尤其是在城市中，全职妈妈的数量微乎其微。在美国时我儿子班里的同学上班的妈妈只有一两个。

这些仅仅是表象，也许我们应该探究社会观念及社会结构差异之深层原因。美国人重视人际交往中的情感交流和互通，一封电子邮件，怎么能比得上在纸质贺卡上朋友亲笔送出的温暖？美国的家庭很重视孩子的成长和教育，全职妈妈为了孩子辞掉工作也不算反常，社会也认可和接受孩子长大后妈妈们再“复出”工作。

如果说，有些传统之迷失是被迫的，那么也可以说，有些传统之迷失不单纯是被迫的，其中有个人的主动选择。很多时候，我们很容易去主动选择丢弃那些被称为“传统”的东西，恨不得把它举起，在地上摔个粉碎。似乎，丢掉传统，才意味着我们更接近现代化的生活。莫非，这是赶路太着急了？

没有答案。

然而，面对种种差异、种种冲撞，我有时依然困惑、依然试图求解：中国和美国，到底谁更传统呢？

全职妈妈在美国

去美国之前，我主观地认为，美国有很多“丁克”家庭。等我到了美国才发现，非但“丁克”家庭寥寥无几，全职妈妈在美国的数量也是相当惊人的。

在我们暂居的宾夕法尼亚州费城西郊纳伯斯小镇上，一年多的时间里，在我们所接触的家庭中，我没有发现一个“丁克”家庭。纳伯斯小镇是一个典型的美国社区，在此生活的美国家庭一般有两三个孩子，吃穿行住、事无巨细，大多由全职妈妈自己打理。在我看来，美国的全职妈妈表现出惊人的独立、自立能力。她们带着孩子们购物、去图书馆、去游乐园、去运动场，所有的事情一个人全包了。全职妈妈对孩子的成长有何利弊？教育专家已经专研N年，自不必说。我们不妨围观一下。

茱莉亚是我们的邻居，她是有三个孩子的全职妈妈。在我们刚搬到小镇不久，儿子意外地摔破头，茱莉亚一家曾热心地帮助过我们，由此两家逐渐相熟。茱莉亚除了每天接送上三年级的老大外，每周一、三、五，她还要接送5岁的老二和3岁的老三上学前班和幼儿园（美国不少幼儿园都可选择每周上五天、三天或者两天），每周二、四上午要带老二和老三去图书馆听故事、借书、还书。老大在放学后还要上音乐、舞蹈、手工等各种课外班。有一次她向我说起她每周的工作，我听得都觉得匆忙。她每天都得围绕着三个孩子，把时间安排得满满当当。因为她家的老二和我儿子同岁，有一次我碰到她的丈夫乔纳森，想咨询一下课外班的事情，乔纳森直截了当地告诉我："我一点儿也不清楚，你可以问我的妻子茱莉亚。她知道很多很多的信息，这是她的工作而不是我的工作，呵呵。"

茱莉亚是个普普通通、没有文化的家庭妇女吗？非也！茱莉亚和她先生一样，在没生孩子之前也是做律师工作的，先生说她是很棒、很成功的律师，有了孩子之后，便放弃律师工作，全职带孩子，所有的精力都投入到孩子的成长和教育方面了。

另外，也不像大家想象的那样，美国小孩的学习很轻松，没有课外班。其实孩子在学校学习非常投入，只不过因为教和学的方式都很灵活，学校强调大家要自己思考、独立完成工作、不死记硬背，所以美国小孩看上去就像在玩一样。全职妈妈不需要投入大量精力每天关注孩子的作业，因为大多数学习在课堂上就已经完成了。但在课外，全职妈妈还是需要关注的。美国小孩的课外班也是五花八门的，运动方面，有棒球、游泳、篮球、足球等；艺术方面，有钢琴、小提琴等；甚至还有儿童烘焙、手工编织等各种课程。那么，没有升学方面的压力，为什么美国小孩还要上课外班呢？我曾经和茱莉亚讨论，在中国孩子们上课外班有时是为了上更好的学校，她不理解，反问："学习这些难道不是为了感受运动和艺术带来的乐趣吗？"

安是我认识的另一位全职妈妈，她有一对上二年级的双胞胎女孩。放学后，安有时带孩子们一起运动，有时候带孩子们去上课外班。我们认识的原因就是她的孩子们正在学中文。我问她，为什么让孩子们学习中文这门很难的语言？她说，因为她的孩子们对中国感兴趣，所以她希望孩子们掌握中文，以便对中国有更多的了解。

我儿子的班里有20个孩子，据我所知，只有一两个孩子的妈妈在工作，大多数孩子的妈妈都是全职妈妈。全职妈妈带着孩子一起整理院子里的花花草草、遛狗、陪孩子跑跑跳跳，在这些经历中，全职妈妈见证着孩子的成长。

在美国，全职妈妈什么时候可以"复出"呢？我对这个问题比较好奇，于是和儿子班里其他的美国妈妈交流，她们告诉我，一般等最小的孩子上了高中，就差不多可以复出了。我也问过乔纳森："茱莉亚何时复出工作呢？"他严肃地说："这是一个问题。我和我的妻子需要讨论后才能定下来。"

我的直观感受是美国的全职妈妈对于孩子的教育相当投入，将大量的金钱和精力都用于孩子的教育。然而全职妈妈这样做的目的虽然也是期望孩子未来能够上好大学，有好工作，但相对而言，却没有那么急功近利，比如必须上著名小学、著名中学等，她们更注重孩子享受学习本身带来的乐趣和成就感，注重享受学习的过程，因此，家长和孩子都没那么焦虑。

美国全职家庭主妇盛行的社会因素

说实话，美国全职妈妈之多实在超出我的想象，儿子班里20个学生，只有一两个孩子的妈妈在工作，其他的妈妈都是全职家庭主妇或仅仅做一些兼职工作。我不知道是否有数据统计过美国到底有多少家庭主妇，但是直观感觉告诉我应该不少。

去美国之前，在我的印象中，发达国家中只是日本和韩国有很多全职主妇，韩剧里不止一次地出现过博士做全职主妇的画面，公公婆婆有时候还要求儿媳妇最好是家政学专业的博士。

美国媒体在2013年刊载了范德堡大学（Vanderbilt University）法律和经济学教授Joni Hersch的研究结果：在2010年，接受过哈佛、普林斯顿等一流大学教育的已婚母亲，仅有70%参加工作，不少人都在做全职家庭主妇。

在女权主义盛行的美国，这种状况看上去有点不可思议。我非常好奇个中缘由，但是，由于个性的东西很难把握，比如有的女士就喜欢在家里相夫教子，所以，我更关心的是形成这种结果的社会因素。

从整个社会文化和价值取向来看，首先是整个社会都能够接受女士做全职家庭主妇，给以她们足够的尊重，而不是歧视。比如，不能说全职家庭主妇就是吃软饭、自身能力不行。我发现美国不存在这个问题，邻居中的全职家庭主妇在有孩子之前，很多是律师、会计等，收入不菲。

当这些全职家庭主妇的孩子长大了，她们重新出来工作之时，社会还能接受她们，这也是非常重要的社会因素。这一点，或许从美国航空公司中的服务人员就能够看出些端倪，在美国的航班上，很少见到像中国航班上那样年轻漂亮的“空姐”，大多是些40岁左右甚至年龄更大的“空大姐”“空阿姨”。在美国，雇主不可以问你的年龄，不可以有年龄歧视。在1967年颁布的《反对雇员年龄歧视法》中，专门规定不得对年龄在40岁以上的公民有雇佣歧视。美国众议院议长佩洛西在结婚后的前六年一连生了5个孩子，待在家里做全职家庭主妇，直到最小的孩子上了中学，她才走出家门，成为美国首位女议长。

同时，一个社会还应该有制度保证减少全职家庭主妇受到伤害的可能性，比如，离婚时受到更多的保护。跟我们中国的女性聊天，她们绝大多数都不喜欢全职做家庭主妇，甚至对之有恐惧感。逻辑是如果没有工作，天天照顾家庭，若丈夫突然变心，女方不但年龄已大，很难找到工作，而且家里的钱都是男人所挣，离婚时不会沾光。

发达国家的女性们对这一点的担心略微少些，离婚时法律会倾向女方。在德国、荷兰，离婚时，夫妻财产分割，除非妻子主动提出离婚，法律规定女方为弱势，明显偏向女方，比如房子作为不动产要归妻子，股票、现金等动产则丈夫妻子一分为二。在英国，房产如果不在妻子名下，也可分享。日本婚姻法规定离婚时妻子可分得丈夫的养老年金，以保证生活。

同样，在美国，法律倾向于保护女方，理由是在婚后女方对家庭的贡献明显大于男方。有文章专门列举过相关细节：比如退休金，不工作的配偶到了退休年龄照样可以领到，数额是工作配偶的一半。如果配偶的工资比较高，全职家庭主妇实际拿到的金额和自己出去工作挣的钱差不多。如果离婚，结婚几年（各州的规定不同）以上，工作的男士除了要支付孩子的抚养费外，还要支付前妻的赡养费，直到她再嫁。美国的上班族大多会买人寿保险，一旦发生意外，配偶和孩子的生活都会有保障。

相比而言，中国女性的担心是有必要的，也是容易理解的，我们的新婚姻法关于财产的规定，更让很多女性认为做全职家庭主妇是个危险职业。因为婚前房、父母出钱挂子女名义的房子，都不能婚后充公。这在理论上好像是男女双方平等，却没有顾及女方在社会中的实际地位。直觉上，城市里，中国的双职工应该高于美国，国内很少碰到全职家庭主妇。

另外，从社会分配结构上来讲，有全职家庭主妇的家庭，丈夫一个人挣的钱应该能够养活全家。就美国的物价而言，基本具备这个条件，吃、穿、住、用、行都不贵。或许，正因如此，中国家庭的双职工多，别的不说，单是房子，夫妻双方就都得挣钱、都得奋斗好多年才能买得起。

我一直有个观点，从自然人伦的角度讲，孩子生出来，应该也有权利在父母的陪伴下成长，在家庭经济状况不太糟糕的情况下，没有必要两个人都工作。但实际上，由中国城市家庭的生活经验观之，却发生了“异化”：父母都疲于奔命，孩子出生后的大部分时间是跟保姆或者爷爷奶奶、姥爷姥姥在一起的。有时候我想，这会不会影响孩子的健康成长呢？父母好像是为了给孩子的将来创造更好的条件而工作，却在奔波中丢掉了跟孩子在一起的大把时间。这应该是家庭生活的常态吗？城市本应是便利人们生活的，却带来了“异化”，好多人已经失去了“老婆孩子热炕头”的幸福。

费城与北京，哪个更有历史

费城与北京，哪个更有历史？

这不是废话吗？北京的建都史比费城的建城史都要长。

粗算下来，北京的建都史有850多年，建城史长达3000余年；而费城被英国“探险家”威廉·潘（William Penn）发现并命名时是1682年，算下来不过300多年。两座城市比起来其历史长度根本不在一个量级层面。

跟北京相比，费城之所以世界著名，不是来源于像北京那样的历史，而是由于美国是当今世界的老大，而美国的历史必须从费城讲起。不夸张地讲，没有费城，就没有当今的美国。1774年和1775年，在此召开了两次大陆会议；1776年，在此签署了《独立宣言》；1787年，在此诞生了《联邦宪法》；1790年至1800年，此地是美国首都。很多重要的历史时刻都被费城铭记，费城因此在美国乃至世界都处于独特的地位。

所以，到美国的很多中国人都会去费城，也会去看自由钟和独立厅。记得我们当初去这两个地方时，满眼都是中国人。站在领取免费票的大堂里，你能听到味道十足的京腔以及味道十足的南方普通话。排队进到独立厅，在听一位激情昂扬的老解说员讲解之前，我扫了一眼周围，只见在6排座位中，至少有4排半是中国人，禁不住哑然失笑。只看面孔，你以为是外国人到中国参观，也就不难理解，到美国驻华使馆签证时，为什么排队会接近5个小时。

可是，不管有多少中国人和外国人到费城看美国的历史，费城也没有北京有历史。就像我到独立厅时，感觉没有多少可看的，讲解员讲述的那些内容，在书本上早就看过，现场对历史场景的再现，观赏的美感并没有增多。那感觉与在故宫、颐和园、圆明园等地游览以及听导游讲解时截然不同，但是，现场的老先生讲解得很有激情，虽然我觉得内容索然无味，但能强烈地感觉到他对本国历史的自豪。

如果你走进费城的大街小巷，更会有此感受。比如，在很多房子的墙上或者门前立着的牌子上，都会标注着这房子建于哪一年。更详细一点的会告诉你这里住过什么人，房子的历史如何，现在又是怎样的。这样的房子可能是普通住宅，可能是商铺，可能是教堂，也可能是幼儿园。再如，如果你去一个小公园，那公园比北京的很多公园都小，除了树和绿地，就是儿童游乐设施，但是在门口你可能会发现这个公园建于1895年。

WELCOME TO HISTORIC
CLARK PARK
UNIVERSITY CITY
ESTABLISHED 1895
▲建于1895年的公园

没来美国之前，我在北京的景点会有意识地看一看年份，而对于普通住宅则根本不会关注其建成年代以及其他信息，所以，来到费城之后，我住进租到的房子里同样没看相关的信息。三天之后，我才发现墙上钉着一块巴掌大小的铁牌，标明房子建于1896年。再后来，我到宾夕法尼亚大学去登记，一路走过去，发现有不少这样的房子，宾大的办公楼和教学楼，一概如此。甚至一座不大的过街天桥，也会告诉你建于哪年以及为纪念谁而建。

这让我想起，刚到费城时，去机场接我们的朋友所说的话：费城有很多老房子总是修修补补，没有重建，更不会拆掉，100多年前的房子很正常，不过里面很干净。没有体验，别人的话你是感受不到的，经过观察之后，我发现的确如此。我现在租住的房子，已经存世106年；我下个月就要搬进去的房子，犹太人房东告诉我，已经存世150多年。

如果稍微做点历史减法的话，你会发现，106年前，美国刚刚成为世界的经济老大，政治分量还不够；150多年前，美国还在内战。虽然仅仅有两百多年的历史，但是，有这些老房子的存在，当你走进费城，就会觉得走进了一座有历史并把历史当回事的城市。

我不知道，有多少人走进北京时会有这样的感觉？反正，即使是15年前，我第一次到北京时，感觉到的便都是

▲街角一座建于1921年的普通房子

摩天大楼。居京近十年之后，更觉如此。而且，这些年来每天都在上演的拆迁情景更让人感觉北京正在远离历史。君不见，北京那么多胡同都没了吗？先不说很多胡同住的不过是布衣百姓，由此被拆迁；即使胡同里有名人大匠，也往往免不掉被拆迁的命运。曾经对文物保护和中国建筑史作过重要贡献的梁思成、林徽因夫妇，因其租住而命名的“梁林故居”所在的北总布胡同3号四合院，终被“维修性拆除”，那些见证历史的瓦砾已经湮灭得无影无踪。

我不知道，当一个人走入SOHO现代城或者CBD商圈时，感受到的是超级现代化的北京，还是弥漫着历史气息的北京；也不知道，北京除了历代官家的景点，还有多少民间的胡同和建筑，可以向世人昭示曾经的风雨。北京有那么悠久的历史，也向世界宣示自己有那么悠久的历史，但是，在推土机面前，好像没人把历史当回事；在推土机面前，一切都是浮云。

费城的历史那么短，搞得自己好像存世千年；北京的历史那么长，搞得自己真成了昨日不再重现的新北京。所以，我有点糊涂了，忍不住问：费城与北京，哪个更有历史？

美国社会有没有人情关系

美国社会有没有人情关系?

这个问题是我回国后有个朋友在饭桌上提到的。

从人是感情动物的角度出发，每个社会都有人情的存在；从人是群体动物的角度出发，每个社会都有关系的产生。但是，在给不同的社会定义标签进行区别的时候，中国社会往往被认为是典型的人情社会或关系社会，包括美国在内的西方发达国家往往被认为是法理社会。这并不意味着人情社会没有法理，也不意味着法理社会没有人情，而是说，在一个社会的运转中，人情关系能否超越法理。

从绝对意义上讲，人情关系不能超越法理，但从实践角度出发，中国之所以被认为是人情关系社会，源于通过人情关系可以超越法理而办成的事情比比皆是。人们想办某件事情的时候，即使明知道有法律或规定明文宣示不可以，却依然认为可以通过人情关系说不定能办成——“走后门”这个词极为形象地说明了人情关系的运转状态：放着光明正大的前门不走，转圈走到不光彩的后门。

关键是这样的做法在人情关系社会是得到默许甚至认可的，人们觉得能用这种方式办成事情的人是“有本事的人”，自己若是守规矩没办成事儿，不会由于是守法公民而自豪，却会由于没有关系而懊恼。按照费孝通先生在《乡土中国》中的解释，中国是个熟人社会，人情关系都是从熟人出发的，即使自己与办事的人不熟，也会通过各种关系去打招呼，然后变得熟起来。

据说，万通控股董事长冯仑曾经以万通在美国和中国的两个规模相似的分公司做过的交易成本来比较，发现从绝对数值上讲是差不多的，但是从花钱顺序上来讲却有很大的差别。中国分公司的交易成本多发生在交易之前，比如吃饭、喝酒、唱歌等，美国分公司的交易成本多发生在交易之后，主要是律师费用。换言之，在中国先把关系混熟了再做生意，在美国是依赖法律来约束陌生人之间的关系。在公司做高管的朋友曾经跟我说过，先做人，熟悉之后生意自然会来。

与人情关系的熟人社会不同，法理社会对应的是陌生人社会，也就是说，大家在做事情的时候，不是按照熟悉程度，而是依据法律规则。以我在美国有限的经验和观察来说，能够得到的结论是美国是法理社会，无论我去给孩子办理上学手续，还是给爱人办理短期工作手续，都是按预约时间到达现场顺利办结，速度之快捷、手续之简单，出乎预料。

不过，这不意味着法理社会没有人情，人情是体现在日常生活之中的，比如与亲人、朋友、邻居关系融洽；人情也体现在工作见面之中，如果你和给你办事的工作人员认识，一定会得到比陌生人更多的笑脸以及轻松愉悦的办事氛围。这是人之常情，虽然都是秉公办事，但是否跟你拥抱或者为你送出灿烂的笑容，熟悉与否还是不一样的。

而且，在我看来，美国不少做法是基于人情关系的规则设计，比如上研究生时需要老师提交两封推荐信，这虽然离不开推荐人的诚信品质，但毕竟是让熟人来鉴定你平时的表现；再有，美国的校友会制度与人情关系密切相关，哈佛大学、斯坦福大学等著名学府都是靠校友的私人捐助来生存的，谁的校友捐助多，谁便有面子，日子也好过。曾经是纽约市市长的布隆伯格，一次就给母校霍普金斯大学捐了10亿美金。

美国的总统选举类似我们所说的“一朝天子一朝臣”，更是跟人情关系密不可分。每次新总统上来都会换掉一批要员，在总统选举中立下汗马功劳的朋友都会得到一个职位。不过，需要说明的是这些人在被任命之前，就已经通过媒体让公众熟知，不是暗箱操作。国内很多人说比尔·盖茨也是“拼爹一族”，因为他的妈妈玛丽·盖茨曾经是华盛顿州立大学的董事，还在任全国联合劝募协会执行理事会主席期间与IBM的首席执行官约翰·埃克斯共事，但关键是这些信息尽人皆知，而且媒体从来没有找到过其母亲为盖茨违反规则的事实。正因如此，盖茨受人尊敬，没有人会说他是通过“拼妈”而获得成功。

此外，美国联邦法律和各州法律允许“亲亲相隐”，不必“大义灭亲”，比如配偶的拒证权，即配偶如果拒绝提供不利于对方的证词，法庭可以接受。当然，这是有严格限制的，基本局限在配偶和父母子女之间。也就是说，人情关系被局限在法律规则之内。

每个社会都有人情，每个社会都有关系，人情社会或关系社会与法理社会的最大区别在于，人情关系是否能够僭越社会规则或者违反社会公序。我想，这也是给不同社会贴上不同标签的最大原因。

美国人比中国人更爱读书吗

记得那是2013年7月，网络上突然到处都在转载一篇文章，题目是《令人忧虑：不阅读的中国人》，作者是旅居上海的印度工程师孟莎美。文章说，通过作者在生活中的观察发现，在飞机上不睡觉玩ipad的，基本上都是中国人，而且他们基本上都在打游戏或看电影，没有人读书。中国是一个有着全世界最悠久阅读传统的国家，但现在的中国人却似乎有些不耐烦坐下来安静地读一本书。作者说，如果只顾一味发展而疏远了灵魂，未来的中国可能会为此付出代价。

文章当时引发了不少讨论，不少人表达了同样的担忧，但也有很多人非常不吝啬国骂，认为夸大其词，转发文章的中国人就喜欢自虐，还说中国的事情轮不着印度工程师忧心。作者给出了法兰克福机场的例证，说："德国乘客大部分是一杯咖啡、一份报纸、一本书，或者一部

kindle、一台笔记本，安静地阅读或工作。在中国乘客中也有阅读和工作的，但不太多——大部分人或者在穿梭购物，或者在大声谈笑和比较价格。”这激怒了很多出过国的同胞，给出了一些例证，来表明外国人不读书。

看到这篇文章的时候，我正在社区图书馆，心中有点儿五味杂陈：要是赞同印度工程师所言，似乎就如某些网友所说，在自我贬低乃至自虐；要是不赞同孟莎美所言，我得说就我个人的生活观察而言，我不知道德国人是什么情况，美国人大概比我们读书多一点儿。至少在表面上看是这样的，地铁上、火车上、咖啡厅、机场等，读书的美国人确实不少。也因为这篇文章，我在从暂居地到费城30th Street的火车上，专门观察过美国人读书的情况，的确有不少人拿着纸质书或kindle在阅读，玩手机和ipad的人不多，打电话的人就更少了。

从严格意义上的统计学来说，这似乎也不能证明喜欢读书的美国人就一定比中国人多。每个国家、每个群体都有喜欢读书的人和不喜欢读书的人，只要人的基数足够多，这都属于正常的正态分布，按照我们的土话来说，即“林子大了，什么鸟都有”。仅以部分例证得出结论，可能会失之偏颇，但是，每个人往往只能根据自己的生活观察和间接经验得出结论。我通过自己的生活观察得出的结论是，有读书习惯的美国人比中国人的比例应该高一些。

以美国的社区图书馆来说，几个人坐在一起讨论自己读过的一本书，不算是罕见之事。这样的情景就我以往的工作经验来看，好像基本上只发生在学校以及读书人扎堆儿的媒体。另外，儿子在美国小学和社区图书馆借书之多，有点出乎我的意料。学校有借书数量的限制，社区图书馆没有，每次他都抱一摞书回家。这时候，我意识到美国人的阅读习惯是从小培养起来的。一方面，我在图书馆看到，针对各个年龄阶段的图书品种非常多；另一方面，他们比较重视读书的数量，甚至有点儿不求甚解，就像在大学里面，教授每堂课都会给学生发一堆论文，让他们课后阅读。论文很多，很多时候不吃不喝不睡觉是完不成的。以我的读书经历来讲，正如学语言要多听多说培养语感一样，读书习惯需通过阅读大量的图书来养成，我们可以称之为“读感”。

▲小镇狄更斯节时的马车巡游

每件事情的形成都有原因，在公共交通工具上读书的美国人不少，物理原因是几乎每个人都有座位，读书能够有比较舒服的环境。但是，习惯的确是逐渐养成并成为下意识行为的。美国皮尤研究中心在2013年曾经调查过1000多名18岁以上的美国成年人，发现76%的美国人在2013年阅读过某种形式的书，阅读数量平均为12本。其中，70%的人阅读过纸质书，相比2012年上升了4个百分点；28%的人阅读过电子书，比上年增长了5个百分点。从读书人的比例和绝对人数上来看，不能算少。

当然，无论中国还是美国，来自新媒体的压力都在增大，不过，只要有阅读习惯，不管是纸质形式还是电子阅读器等新终端，都不太会改变一个人的阅读数量和时间。相对于中国，亚马逊的kindle之所以在美国流行，最大原因是电子书相对于纸质书便宜太多了。跟美国相对比，中国的图书非常便宜，美国一本书定价20美金左右属于便宜的，好多书动不动就达三四十美金甚至更多。所以，很多美国人都是从图书馆借书来读。“书非借不能读也”，或许也是美国人爱读书的原因？不知也。

教堂里的美国

到欧美地区旅行过的朋友，大概都会有深刻的印象：见到的教堂之多超过任何一种建筑。说他们的教堂多如牛毛可能有些夸张，但教堂与教堂的距离之近超出我们的一般设想。如果你读过马克斯·韦伯的《新教伦理与资本主义精神》，恐怕会下意识地想起这本书以及其中的某些说法。当时，我就有这样一种感觉。

作为一名好奇的社会观察者，既然到了当地社会，安顿下来之后不久，我就去镇上的美国教堂参观了一番，在那里大约待了一个小时，看他们完成了所有的程序。牧师是个非常有技巧的演讲者，下面的人时时发出笑声，但需要严肃的时候，他也能切换自如。气氛起伏有度，不浮夸，也不呆板。不过，牧师所讲的内容，我基本听不懂，都是跟宗教有关的人名和故事。牧师的高明与巧妙之处在于，总会把距离遥远的天国与听众的日常生活相关联，不让你觉得上帝在十万八千里之外。

作为一名无神论者，我一方面因语言与专业无法全懂牧师所讲，另一方面无法接受那些与我此前没有任何事实与精神关联的人物与故事。但是，从社会观察的意义上讲，整个程序看下来，我最强烈的感受是每周都用半天时间坐在一个地方听人讲课，并略有时间沉思反省一下自己一周以来的所作所为，是一种很好的阶段性人生感悟与生命体悟形式。从某种程度上讲，这跟孔夫子所讲的“三省吾身”有相通之处。

另外一个感受是，教堂是一个很好的培养社会共同体意识的场所。陌生的人在教堂相聚，互相认识、互相致意、互相祝福，这对于邻里关系的培育、对于本区本镇本县以及更大范围的共同体意识，是一种有效的培养与建立方式。而且，教会还有除礼拜之外的很多活动形式，比如组织儿童踢足球、打篮球、免费看小孩、捐赠、为新生儿家庭免费送饭等，这在宗教意义上是为了发展教徒；但在社会意义上则客观地促进了社区共同体建设。

在参观的过程中，我发现有人将装在提篮里的婴儿带进教堂，在牧师严肃布道的时候，婴儿突然大哭，扰乱了原本凝重的气氛。这时，婴儿周围的人对其回眸一笑，更多的人好像什么都没发生，继续听讲。这跟我后来在社区图书馆看到的情形差不多，小孩子满地乱爬嗷嗷大哭，周围的人除了抬头一笑，几乎没什么反应。这些体验给我的印象是，美国社会不拒绝小孩儿，给小孩儿的社会参与预留了空间。

其实，在参观美国教堂之前，细究起来，与教会的第一次接触是在到达美国之前。

快要启程到费城的时候，有位朋友给我介绍了一位在美国定居的朋友，说可以去机场接我们一家，我觉得过意不去，从未谋面，哪能如此麻烦别人？要知道，去的时候，我们大包小包带了一堆，爱人为了方便一到住所就可以自己做饭，带齐了所有的东西，一辆普通的小车根本放不下。于是，在朋友屡次跟我提及的同时，我一面应着，一面决定自己打车去住所。

意外的是，在将要启程的前一周，爱人告诉我，在费城的华人学生学者邮件组中，有华人教会组织免费接站，她试着报了个名，很快就收到了回信：没问题。

接我们一家的是位已经在费城定居多年的先生，姓龚。人细致，非常干练；话不多，热情内敛。另外，他看上去特理性，应该是个理工男。果然，在聊天中，知晓他毕业于中国科技大学，他夫人亦是，宾大的教授，是位牛人。

抵达住处之后，发现与龚先生是很近的邻居。租来的房间空空如也，龚先生看我们预估情况不足，便主动说借

▲美国教堂不是在彼时彼处，而是无时无处不在

给我们一个床垫，直到我们买来新的再将床垫还给他。于是，我跟龚先生到他家楼上去抬床垫，看他大汗淋漓，我心里特别感激。后来我发现，他给予我们的诸多帮助，跟传教没有任何关系，于是，感激变成了敬意。

我们去华人教堂参观过，从整体上来讲，跟美国教堂差不多。可能是我们能听得懂所有内容的原因，我感觉华人教堂比美国教堂的气氛更热烈，更想让人成为信徒，而老美的教堂更多是一种你来我欢迎、你信不信无所谓的样子。后来，我还带去美国旅游的朋友到镇上的这家教堂参观过一次，我跟他交流观后感，大家得出的结论都差不多。

后来，一位邻居邀请我们一家去做客。女主人是位

“ABC”（American Born Chinese），男主人是位美国人，会说不少中文，也了解很多有关中国的事情。她家有两个孩子，一儿一女。当时是吃晚餐，等所有东西摆上来，大人小孩坐好，我们以为要开餐了，正准备拿起刀叉吃饭，结果，他们一家突然沉默，开始双手合十祷告。这时，我虽然略感尴尬，但突然深深地意识到，我去参观的美国教堂不只是在彼时彼处，而是无时无处不在，也似乎理解了有人所说的“美国是个传统的资本主义国家”的意思。

美国精神的细节

美国人的时间管理

读大学时，在跨文化传播课程上，老师曾说西谚有语：美国人是时间的奴隶（Americans are slaves to nothing but the clock）。我一直认为，这句话很夸张。经过一年的在美短居之后，我大概可以确认，其夸张成分很小。同时，我的体会是，美国人作为时间的奴隶之体现不仅仅在“守时”和“按时”这种常识性的礼仪形式上，更重要的是体现在“守时”和“按时”之前的“预约”上。简单讲，“预约”是美国人时间管理方式的最核心内容。听上去这没什么神秘，甚至来讨论这样的话题没什么意思。但是，我在此的各种体验是，这种时间管理方式对个人生活和社会生活的影响可能比我们想象的要大得多。

比如，在美国医院的接待厅中，根本没什么病人，没人排队挂号，没人排队缴费，没人排队等医生，也没人排队拿药。即使在宾夕法尼亚大学附属医院也是如此，这家医院在美国的4800家医院中，一般排名前十。这种情况并不是由于美国的医疗资源过于丰富，造成没有病人就诊，而在于美国通行的时间管理方式，即病人必须通过预约并且约到时间才能前来，否则无人接待。约到时间的病人要提前半小时到达等候医生。

所以，我每次带孩子到美国的医院就诊时，看到空荡荡的大厅和寥寥几人候诊之时，都忍不住与自己在国内的体验相比，在国内每次看病都要排长长的队伍。记得每次带孩子去首都儿科研究所附属儿童医院的时候，我都是早晨5点起床，开车到医院去排队，而且是排完挂号排候诊，然后排缴费，再排拿药。排候诊的随机性最大，因为不知道什么时候能看上。一般而言，能上午看完就算不错了，有时需要下午再排。

美国的医院没有排队，但是急诊除外，因为急诊不需预约，可以直接前去，所以，可能等候时间较长。不过，在美国正常就诊的费用已经很高，如果急诊就更高得吓人了，像我们这种挣人民币的，看到账单会心肝俱痛的。其实，美国人也不太敢去看急诊，除非真是撑不住了。在多数情况下，约不到医生的人就先吃止痛片，所以在美国的大超市中都有一排专卖止痛片的药架（美国的大超市都有药房卖药，医院不卖药）。有数据显示，只占世界5%的美国人吃掉了全世界一半以上的止痛药。因为约不到医生很正常，有时候可能要好几个月才能约到医生。

美国的政府机构也以预约为主。家人申请工作许可时，寄出材料后，过些日子，会收到美国移民局的信件，告知某日某时去何处采集指纹等。如果我们的时间不凑巧，就寄信回去要求改时间，并写上自己最方便的时间。去国会山参观过的朋友可能有经验，如果你参观之前预约，到达国会山后就不需再排队拿票，直接到柜台拿票进入等候区即可；如果没有预约，就得先排队拿票，再等候入场。

机构如此，个人也是如此。每个人都有自己的日历本，上面密密麻麻地记着要见的人或要做的事情。如果想跟谁见面，无论他是否为重要人物，都得预约。随机碰上的人，可能不等聊上三句，他会告诉你他几点几分有安排，跟你道声“拜拜”。

中美相对而言，在我们国内，尤其是在城市里，个人之间的时间预约已经越来越多，但是，政府机构的预约办事还相当少，多数时间都要去排队，随机性很大。美国的政府机构也不是所有人都需预约，但很多都有预约设置，预约的人会排在前面被接待。

整体来讲，“预约”给个人生活与社会生活规定了秩序，减少了事件随机发生的机会成本，能够大幅度地节约整个社会时间，包括由此引发的社会管理。对个人来讲，去机构办事时，预约的时间是可预期的，能节约不少时间；对机构而言，大概能知道有多少人来办事，如果约不到时间的人过多，可以增加人手，反之则可以裁员。我没有考究过美国式时间管理的文化起源，但是从社会发展的角度讲，美国现在形成的时间管理方式应该与其工业化较早有关，100多年前的泰勒制对时间的科学管理已经从工厂生产融入到了个人生活与社会生活之中。

我的美国邻居是雷锋

霍华德·吉布森（Howard Gibson）当年63岁，与我住在同一栋公寓。我住二楼，他住一楼。在我搬家到此之前，他在这里已经住了10年以上。我在纳伯斯的一年时间里，我们在一起的时候很多。他坚持教我们夫妇英语，并且对于我们在生活中遇到的各种难题，他都能热心提供帮助，是一位“美国版”雷锋。我和家人经常感叹，我们或许是遇到了世界上最好的邻居。他是我接触最多的美国人，我们经常去镇上喝咖啡闲聊，是他让我从一个普通美国人的身上，更为深刻地了解并理解了美国人的生活状态与生存状态。

他第一次到我家时，说可以教我和我爱人英语，每周两次或三次都行。我当时以为自己很了解美国人以及资本主义国家的行事规则，脱口而出：“一次多少钱?”他显然没想到我会问这个问题，惊讶地赶紧回答：“No! No money!”坐在旁边的他的老伴吉娜（Gina）更是惊讶，她

▲邻居霍华德和吉娜在包饺子

表情夸张、双臂摊开，无奈地说："你怎么会想到钱呢?"搞得我当时尴尬不已，囧得厉害。好在后来他们并没关注我的囧。接下来的时间，我们每周两次去他家学英语，他们还为我们供应免费的咖啡和零食。

后来我发现，霍华德不仅免费教我们英语，还去离我们居住的纳伯斯镇15公里之外的天普大学（Temple University）免费给几个中国学生教英语。每次都是晚上，5点出发，9点回家。费城的纬度跟北京差不多，冬天很冷，夏天的雨超级多，不过这好像对他没什么影响。他开始邀请我去的时候，我以为别人都是交费的学生，我不想去蹭课，就谢绝了。后来他又好几次邀请我去，我不好意思老拒绝，我爱人也说人家一直邀请你，你就去看看呗。于是，我就跟他去了一次，结果一问那几个中国学生，才知道他们并不交费，霍华德免费教他们。

我很惊讶。他们也觉得特别不好意思，说老先生来回路上就要走将近两个小时，对他来讲应该挺累。老头自己出钱坐车，而且没时间吃晚饭，只能在课堂上随便吃点零食。他们说，你有车，能载他过来，好多了。我发现是这种情况之后，在没有特别的事情确实走不开的时候，就坚持开车带他过去。这样自己能多学点儿，也能让老先生少跑点儿路，作为对他免费教我们英语的回报，这对我来说是一种心理补偿，其实他肯定不会这样想，他就是想让我多学点儿。

但是，除此之外，他却总是在积极地寻找挣钱的授课工作。他在几所大学都有英语课，他说大概在五六年之前，他已经专心做ESL（English as a Second Language，英语作为第二语言）的老师了。以前他供职于费城一家报社，是名负责法律报道的记者，后来也去公司做跟公关相关的工作。由于他不是某所大学的专职老师，所以他在上完某段时间的课程之后，就要重新找工作。我觉得很奇怪，他一方面积极地寻找教授英语的工作，一方面又免费教授我们英语。这是为什么呢？我一直没搞懂，但我有些感动。

除了教我们英语以及在日常生活中帮助我们，在离开美国的前一天发生在霍华德身上的事情也让我们印象深刻。现在回想起来，我依然感动不已。那天费城下暴雨，天空乌压压黑成一片。我本打算自己租车去酒店，可以在旁边还车。我事先在机场附近预订了一间房，因为第二天早晨的航班较早，而且我们租的房子要提前给房东交还钥匙。在这种情况下，霍华德坚持要送我们，原话是："我可以'借'吉娜的车送你们。"霍华德平常不开车，吉娜每天上下班开车，按照我们的观念，这辆车反正是他们家的，无所谓是谁的。不过，在平常他跟我们的交谈中，他总会说"吉娜的车"。看样子，他们分得很清楚：霍华德要用车，就得向老伴借。这里面也存在着中美之间的文化差异吧。

吉娜的车是美国版的丰田凯美瑞，比中国版的要小，根本装不下我们一家和行李。于是，霍华德提出，他先往酒店送一趟行李，然后再回来接我们。我觉得霍华德的主意挺好，不过得麻烦他跑两次，可他一点儿也不介意。于是，我们把5件行李装上了车，他就开车走了。他坚持不让我去，让我赶紧收拾房子。他走的时候下着小雨，10分钟后小雨变成了瓢泼大雨。我和爱人都担心起来，雨实在太大了，开车的危险系数大增，老人要是有点儿什么事，我们该如何是好？而且，当时没考虑到的是，每个箱子都重达50磅（45斤），这对一个63岁的老人来说是不是太重了？

于是，我们一直忐忑不安。中午时分，霍华德回来了，我们才放下了心上的石头，歉疚地对他表示感谢之情。他却满脸轻松地说："不用担心，Easy！"他握住拳头，弯起胳膊，示意我们看他的肌肉，说："I'm strong！"然后，他对着自己的胸脯打了几拳，以示强壮。由于家里什么东西都没了，我去买了披萨和咖啡，每人吃了两块披萨。下午他又把我们一家送到酒店。与他拥抱分别的时候，我强忍眼泪，再次对这位"美国版"雷锋表示感谢，并邀请他到北京做客。

游戏里的美国精神

有一次，我在宾大参加研讨会，从早晨到晚上，一整天，回来时已近晚上9点，在楼下正好碰到霍华德出来扔垃圾。于是，我们打了招呼，又闲聊了一会儿。知道我白天忙碌的状况后，霍华德说：“你应该休息一下，明天我们玩个游戏如何？”

我听后有点儿惊诧，心想，老先生真行，如此年纪还玩游戏？不过，我非常好奇他会邀我玩什么游戏？就问：“什么游戏？”他说：“Monopoly。这是在美国非常流行的一种游戏。”然后认真地说：“你应该学会！”

我跟他学英语的时候曾经表示过自己想了解美国人喜欢玩什么。因为我觉得，要了解一个社会和社会中的人，知道他们玩什么游戏很重要。我说：“好。明天你教我。”

为了更好地熟悉规则，晚上我从网上检索了这款游戏，“Monopoly”一词的含义是“垄断”，中文将此游戏译名为“大富翁”。这款游戏在大萧条时期推出，设计初衷是向国会指出资本主义的弊端，财主垄断市场，小商户斗不过大企业，因为其总的游戏规则是“富的愈富，穷的越穷，直至破产”。但是，这款游戏却受到了大众的欢迎，一发而不可收，后来还推出了各种各样的版本，包括儿童版本。

它的基本游戏规则是每人手头持有1500美元，以掷骰子决定你所落脚的各种方格（代表土地），这时候你就可以购买土地，然后建筑房屋和旅馆，其他人路过时要交“过路费”。显然，谁的地多、房子多、旅馆多，谁就可能赢来更多的钱；相应的，谁的地少、房子少、旅馆少，赢得的钱就少；里面有掷骰子时的运气，但最终的结果是没钱的人要把土地、房屋、旅馆全当给银行，换取现金去交“过路费”，直到破产退出。无论多少人玩，游戏的最后胜利者只有一名，其他人都以破产告终。

游戏非常突出地揭示了资本主义社会的残酷性，但是，给我震动的不是这些，而是霍华德在游戏时对我说的一句话。有一次，我的房子和旅馆都没有了，可以预想的结果是必输无疑。于是，我有些意兴阑珊，表示提前宣布破产退出。霍华德看着我，郑重地说：“你应该坚持，你到美国应该有点American Spirit（美国精神）。”

我心头一震，想起霍华德在自己将要输掉游戏时，虽然面有孩童般的不悦，但依然一板一眼。他接着说："无论如何，你应该坚持到最后，没有人知道下一次掷骰子的机会属于谁！"我有些汗颜，因为我觉得Just a game。其实，关于这个游戏，我们一起玩了好多次，我基本都是赢家。不过，霍华德的话让我这个观察美国社会的体验者，有些"说者无意，听者有心"。

除此之外还有一件令我震动的事情。

我第一次去霍华德家时，看到几个硕大的冲浪板，以为是他年轻时玩耍留下来做纪念的东西，也没多问。但是，今年夏天的一个早晨，我看到他正把那些大冲浪板绑在车上，便惊讶地问："你去冲浪?!"他抬头看了我一眼说："当然！我每年都去。"那眼神的意思是：这有什么奇怪的?

我彻底晕倒。因为他不止一次地告诉我，他去年9月中风，对他影响很大。虽然我没有见过中风之前的霍华德，但他确实行动不快，与他的老伴吉娜相比更显如此，吉娜今年60岁，可是走路、行事都像50岁的人。不过，这好像没有影响到他对冲浪的爱好。他说他从十几岁时就喜欢上冲浪，喜欢从浪花里面钻出来的感觉。他要去冲浪的地方叫大洋城（Ocean City），在谷歌地图上显示离费城大约130公里。他每次都是早晨去，晚上回。

他不仅喜欢冲浪，还喜欢开着帆船航行。7月的一天，我俩去费城的中国城参加一个活动，他说下周他要去航行，从德拉华州出发，到新泽西的Cape May。我问："去多久？"他答："大概一周。"我问："你自己？"他答："还有一个老朋友。"我问："他多大年纪？"他答："90岁。"我无语。他说："我是年轻人，对吧？"我答："对。"两周后他告诉我，没去成。原因好像是那位老先生病了，我以为此事就算结束了。不想，8月底，在他与老伴结束一周的海边度假之后，他兴奋地告诉我，他的航行终于要开始了。果然，9月初的一周，俩老头儿驾着帆船逛了一圈。一个90岁、一个63岁，这样的年龄去航行，我在中国反正没有遇到过。

自助式美利坚

相对于中国而言，美国是个自助式国家。

去便利店或者小型超市买完东西，结账时你会发现柜台前没有人，大家都在自助结账机前排队，自己扫描、自己装袋子、自己刷卡结账，然后走人。仅有的一两个店员，或者在上架新东西，或者站在一边闲看，有人叫他帮忙才过去。如非退货或者办卡，一般没有什么人麻烦店员。大型超市有人结账，但也有不少提供自助结账机，你依然可以自己动手。

在城内的道路边停车，也是如此，不过更彻底，根本没人服务，你得自己在自助机那里交钱停车，然后将交费单据放在车内。不像北京，路边总有人，紧盯着有没有人停车，一是指挥倒车，二是收费。这边也有人，不过跟这两项功能没有任何关系，而是开罚单。管理员在几个街区来回逛，检查放在车内的交费单据，一旦发现停车时间超过了在自助机交钱购买的时间便立刻开单子。

在费城郊区，每个火车站点旁都有停车场，方便大家开车到火车站换乘而不是开车去城里上班，停车费很便宜，1美金可以停一天。不过，从来没有人服务。人们停车后要到设在中间区域的机器前，向自己的汽车对应的车位号码里投币。

每个火车站点都有人值班，但只负责卖票，而且只有上午。有次在新泽西的某个火车站点，我把钱放进自助售票机后，票没出，钱也没出，想找工作人员解决，转了半天，发现一个人也没有。后来，来了两个前来买票的美国小伙，他们向我问清情况后笑了，说："周末怎么会有人?"我恍然大悟，当天是周六。他们告诉我，解决的办法是从旁边的盒子里取张单子填好，写明几号机器吞了我的钱，再写上我的住址，丢进一个信箱，火车站就会寄支票给我。

距离我住的公寓两条街区，住着一对已经移民美国15年左右的中国人。有一天，他们说买了新房子，离我们家很近，邀请我去看看，后来凑巧我去了他们的新房。可是，我一进屋就吓了一跳，满屋子都是修房子的设备，从小螺丝到大电锯，五花八门。两口子带着两个十多岁的女孩子，戴着口罩和手套，在热火朝天地揭墙皮。我开始差点没认出来，以为走错了地方。男主人看我惊诧，摘下口罩解释，在美国这很正常，很多人都自己刷墙，而且，我家的工具不算多，除非你不愿意干，否则，什么样的工具都能买到，美国人经常自己动手做很多事情。

之所以如此，最主要的原因当然是美国的人力太贵。不是没有人服务，而是很多人用不起。中国有那么多人请小时工，这里没有多少人请得起小时工。剪草、修花、扫树叶，都是自己干。如果剪草不及时，院子里显得过于荒乱，可能会遭到邻居的投诉。这时候，我才理解，美国的电视广告为什么整天卖剪草机、修树机。这些东西不是专门给环卫工人使用的，而是很多家庭必备之物。

当然，从某种角度来讲，美国人提倡自助，这已经成为其文化基因的一部分。可能很多人都熟悉这样的故事：孩子摔倒后，中国家长的一般做法是，条件反射般马上将其扶起，并赶忙看是否摔坏了什么地方；美国家长的做法是，不去扶，而是鼓励孩子自己站起来，然后表扬孩子勇敢。小孩的自助性就这样一点点被培养出来了。

家庭如此，学校也如此。在学校里，极少有老师给小朋友分发零食，而是摆在那里让小朋友自己挑。孩子上学，家长不帮忙拿书包，一律是小朋友自己背。美国的这种自助教育理念，贯穿在孩子从小学到大学的整个过程，而且在制度设计上加以支持。比如，有的美国大学生会中断学业，到非洲或者中国的偏远地方做一年志愿者，然后返回学校继续完成学业。对此，学校的程序非常简单，不会有什么障碍。

从小到大的自助教育和实践使美国人的自主性、独立性、动手能力都很强。著名实用主义哲学家和教育家杜威说“教育即生活”“学校即社会”，把教育和实际结合起来，去除教育中的矫揉造作，对当时和后来的美国教育理念和实践影响都非常大，可说迄今无人出其右。当年由于殖民地时期流传下来的欧式教育日渐刻板，造成美国的学校死气沉沉，杜威是当时传统教育的改造者。

胡适作为杜威的弟子，当年在大陆极力宣扬过这些教育观，直到后来抵达台湾依然如此。古代中国人也讲自助，比如“人必自助而后人助之，而后天助之”。“天助自助者”恐怕应该是不少国人的人生信条。但是，在中国的现代生活中，“自助”好像体现得不够，在教育理念中体现得更为不够，反倒是在“在家靠父母，出门还是靠父母”的语境下，年轻人的依赖和啃老一直大行其道。

美国的爱国主义教育

圣诞节期间，我在佛罗里达州参观了肯尼迪航天中心。之前，我犹豫了半天，因为到这种地方参观，像我这种自小就对物理学极为头痛的文科生，根本看不懂。而且，肯尼迪航天中心距离我在奥兰多的居住地有120公里，需要自己租车去。后来想想，这地方估计此生也就能来这么一次，何况这是世界上最著名的发射中心，于是，最后还是驱车去了。

虽然说不虚此行，但是，此行观瞻给我印象最深的不是航天中心的雄伟与壮观，而是浸染其中的美国爱国主义教育。我突然产生了这种意识并想书写这个话题，是在参观阿波罗-土星5号中心的时候。

这个中心的命名来源于美国的阿波罗登月工程，阿波罗11号曾载着宇航员阿姆斯特朗登月成功。土星5号是发射阿波罗11号时使用的运载火箭，据说这是人类历史上使用过的最高、最重、运载能力最强的运载火箭。在这个中心，存放着一台重造的土星5号火箭，它横在大厅的中心，让人十分震撼。

在这个中心，我看了两段影像。一段是在入口处，正门口用大字书写着肯尼迪总统的那句名言——“We Choose to Go to the Moon”（我们选择登月）。这段影像讲美国的航空航天史，充满着自豪和骄傲；另一段影像放映的地点，是在土星5号的侧面，主要讲美国人第一次登上月球的情景。这个影像有全景复原演示，包括当时如何指挥、如何沟通、如何着陆等。在演示的过程中，当阿姆斯特朗登月后讲出“这是一个人的一小步，却是人类的一大步”之时，观看的人群报以热烈的掌声。

此时我意识到，来此参观的大多数都是美国人！这样的场景与演示是对美国公民的爱国主义教育。像我这样的外来者是少数，我不过是个过客，大概也就艳羡一下，不会鼓掌，但坐在这里的美国人，心境完全不同。果然，我回来一查资料，肯尼迪航天中心是美国重要的爱国主义教育基地，其中还有一个由基金会组织的太空教育中心，其中包括为教师提供材料的资料中心等。

这令我立刻想到了2012年10月去美国国会山的情景，当时领到参观券后参与的第一个项目，就是到放映厅看一段影像。这段影像讲美国简史，讲美国领袖以及普通民众如何奋斗将美国建设成民主国家的过程。放映结束，有人起立鼓掌。国会山内部有美国重要总统的雕像，当导游带着我们走到林肯像前，讲到林肯的重要事迹以及林肯提出的“民有、民治、民享的政府”这样的名言之时，也有美国人鼓掌。

此外，我还想起2012年8月刚到美国，去参观费城独立厅之时，也有如此场景。那个精神抖擞的讲解员是位年过五旬的老先生，讲解时慷慨激昂，非常感染人。在讲到开国总统华盛顿的事迹时，大厅中不时有人呼应或报以掌声。

其实，这些都是爱国主义教育，都是我们所说的“主旋律”，而这些地方，包括我所去过的位于华盛顿特区的那个让人逛到腿发软的国家博物馆群，不少都是美国建国史上的重要事件发生地，是美国的爱国主义教育基地。美国人在这些地方对所有人唱响自己国家的主旋律，因为这些地方对所有人都免费开放，包括外国人，只需要领个参观券即可。不夸张地讲，美国的爱国主义教育比中国有过之而无不及。

不过，需要注意的是，在美国的爱国主义教育中，从来不讲爱政府、不讲爱民主党与共和党，也不讲爱总统，因为这些是被一些民众反对的对象。你要是不高兴，可以胸口挂个牌，写上奥巴马是混蛋，然后上街游行。2012年

9月，奥巴马在67届联合国大会上告诉世人："作为美国的总统和美军的统帅，我接受人们每天都对我语出不敬的事实——而且我还会始终维护他们这样做的权利。"竞选连任过程中，弗吉尼亚大学甚至拒绝了奥巴马去演讲，因为学校要为此调整186节课，实在太麻烦。

美国的爱国主义，此前我只在好莱坞大片中屡屡见到，而在此次旅程中，我深切地感受到其常见与频繁。当然，总体而言，因旅程有限，上面所述仍属偶见，然而断章有义，令人印象深刻。

▲在小镇举行的阵亡将士纪念日游行活动

无处不在的美国捐赠文化

岁末年初，纽约市市长布隆伯格宣布给自己的母校——约翰·霍普金斯大学捐赠3.5亿美元。布隆伯格是该校1964年毕业生，自从1965年读研究生期间给母校捐赠5美元，迄今，他的捐赠额累计超过11亿美元，成为美国历史上向同一所高校捐赠最多的人。

超级富翁的捐赠总会被媒体高度关注，也会被世人津津乐道，一是由于捐赠数额巨大，二是因为捐赠者本人足够著名。正如布隆伯格，这位彭博社的创始人和纽约市市长，有着不俗的传奇经历和现世精彩。迄今为止，他依然每年只拿1美元的象征性工资，要不是美国法律规定他只能干三届市长，估计市民会让他一直担当。你想，去哪儿找这样的好市长？只干活，不拿钱。

但是，大家不要被富翁的捐赠新闻所误导，认为只有富翁才捐赠。其实，在美国的捐赠之中，真正的主角是普通民众而非富翁。在美国每年几千亿美元的捐赠中，80%是个人捐赠，其中70%以上是普通人捐赠。而且，如果按捐赠额与收入的比例计算，穷人比富人更慷慨。美国的家庭收入分为5个等级，根据2007年数据报道，低收入家庭捐出了4.3%的收入，接下来的3个中间收入的家庭分别捐出了2.5%、2.7%、2.0%，而最富有的家庭捐出的是2.1%的收入。

由此可见，捐赠并非是因为卡耐基曾说过“在巨富中死去是一种耻辱”，而是因为它在美国是一种社会习俗和社会文化，具有非常明显的草根性质。

我来到美国后，第一次体验到美国的捐赠文化，是在考取当地驾照交费时，上面写着你是否愿意为残疾人捐赠1美元。要知道，这个数字比例并不低，因为我考下来驾照交纳的全部费用是18.75美元。在提示捐款的表格上，同时提醒你是否愿意成为人体器官捐赠者。朋友告诉我，如果你要是认捐，一旦被宣告不治，医院可以不必等待家属许可就进行器官移植。

我搬到费城西郊纳伯斯小镇之后，陆续收到了当地消防站、急救中心、红十字会等各类组织的募捐信。红十字会的募捐信还好理解，但是消防部门的募捐信让我看了半天才明白。因为在我的经验中，消防部门属于政府全额拨款单位，怎么能向居民募捐呢？

看了好几页之后我才明白，这里的消防站跟国内的性质不完全一样，它竟然在一定程度上具有民间自救组织的色彩，虽然有政府资金支持，但是民间捐款占有重要地位。募捐信上有清楚的图示，标明全年接警的次数、派出车辆的数量、今年的支出与收入数额以及近年来来自社区捐款数额的变化。最后写明，消防站是纳伯斯镇的重要组织，为了它的有效运行你最好捐点钱。我后来查资料进一步了解，各州的制度不一样，总体而言，消防局是一个与警察局并列的公共机构，但是不拒绝接受捐赠或者说很多都在积极募捐。

再后来，带孩子去镇上的图书馆，那里也有在国内看不到的募捐方式。图书馆里有story time，给孩子讲完故事之后，讲故事的人（有时候是馆员，有时候是志愿者）会向孩子展示一些可以涂写的卡片，1美元1张。如果你要，就算是捐赠；不要也无所谓。当然，带孩子去听故事是免费的；借书、借光盘都是免费的。而且，无论你借多少书或光盘都可以，没有数量限制。想到我作为教员在学校图书馆也就只能借20本书，心里有些惊诧。

我所在的小镇的图书馆较小，基本上都是孩子在那里待着，大人一般借完书就走。美国邻居霍华德就介绍我去了附近的另一个图书馆。他陪我一起去，并且给我当向导。这个社区图书馆上下三层，大得让我暗自吃惊，资料上说该馆有百年历史，现有面积近2400平方米。更让我吃惊的是，第一次去的那天，门口有块牌子，上面写着在本县还有好几个图书馆比这个更大更好，所以需要大家继续捐赠，等来日再扩大本馆。原来，这个图书馆刚刚经过了两年半的装修扩建，很多钱是居民捐的。

孩子所在的小学，也有类似的捐赠活动。学校经常有活动，每次活动之前，都会发邮件给家长，或者提前发纸质的宣传材料给家长，提醒家长可以捐钱、捐食物，当然，你也可以成为志愿者。不过，你不一定有机会当志愿者，因为报名当志愿者的家长太多，有时候得抓阄决定。记得有位家长在一次志愿者报名中没被学校“录取”，他气得给邮件列表中所有的家长发信表达愤怒，看得我和家人禁不住乐了。另外，社区也会在某些节日前发信给我们劝捐。

看来，美国社会每年庞大的捐赠额跟上述无处不在的捐赠细节或募捐方式密不可分，它是渗透到美国人日常生活中的常态方式和行为模式。不夸张地讲，捐赠是一种社会文化，而且与社区相关、与教会相关、与理念相关。数据显示，12%的捐赠者是想让社区变得更美好，信教者年均捐款4倍于非信教者。同时，美国人觉得很多事情都不是政府该做的，政府做不好，不如捐赠给各种专业性的社会组织加以操作。

美国的志愿者文化

对于大多数社区居民而言，除了以学校为中心的志愿活动，社区本身就是他们的志愿服务对象。美国人很重视社区精神，你为社区做了什么，是他们内心中相当看中的，而且在社区做志愿者尽一份力，对他们来说也非常自然。

教会经常组织一些志愿活动，譬如筹集一些婴儿用品，如纸尿裤、奶瓶等捐给相应的机构；为患某些特殊疾病的人群募捐；组织一些儿童可以参与的游戏等。教会有很多志愿者参与各种活动，志愿者可以募集到数额惊人的物资和款项来帮助有需要的人。教会有免费的英文学习班，我刚到美国时就经常去学习，那些教我们英文的老师都是志愿者，你可以感受到他们认真的态度，从话题准备到材料准备都一丝不苟。而他们做的这些事情不但没有任何报酬，还要自己负担相应的资料费用等。每次我对他们表示感谢，他们总是自然地说："我很乐意。"而且，大人去学英文，小孩子也可以得到免费看护，甚至有些家长把只有几个月大的婴儿也放在那儿，志愿者负责看护孩子。

我认识一位美国老太太，每周四下午在小孩子踢球的时间过来帮助准备零食、饮料等。她看上去70多岁，看到小孩子踢球就像个真正的球迷一样激动，为他们欢呼。我问她住得远不远，她说有5个街区之隔，每次都是开车过来。她说："做志愿者只是帮帮忙，自己还能得到快乐。"

就我的感受而言，在美国，学校不是独立的，而是社区生活的一部分。在一个成熟的社区环境中，会有学校、小孩玩的儿童乐园、针对全体社区居民的图书馆以及相应的运动设施等。一个社区就像一个大村落，人们居住于此，儿童就近入学，如果一个人在某个社区居住几十年，自然会有很多老相识。为他人服务，他人也为自己服务，这是美国人非常看重的精神品质。

在社区图书馆每周都有固定的时间，会有馆员给孩子们讲故事，如果哪天馆员临时不在，一定会有家长自愿站出来给孩子们讲故事。小孩子从小就跟着父母做志愿者或者在学校做志愿者。因为住得离学校近，我儿子不坐校车，上学、放学都是走路。从上学第一天起，我接儿子时就经常看不到老师，而在中国放学时，老师会把孩子们送出来。一开始我还奇怪，儿子告诉我，有个五年级的小姐姐放学后就去教室接他们，只要跟着小姐姐出来就可以了，不需要老师送。看来，在美国的学校，高年级学生自愿为低年级学生服务是一种常见现象。

甚至连社区内的消防站也是由众多的志愿者组成的，以此维持日常运转。以我们居住的小镇消防站为例，其实它是一个非营利性的志愿组织，由40多名社区人员志愿服务。自1897年建立开始，这个消防站就一直是这样，以志愿者为主体而运转至今。最初了解到这一点，我感到非常惊诧，毕竟中国的消防部门是官方机构，后来，我进一步了解到，在全美消防人员中，志愿人员比例竟然多达80%。

在美国这个到处都是志愿者的国度，志愿者广泛服务于学校、公共图书馆、医院等各种公益机构和组织中。商业高度发达的美国社会，志愿文化何以长久不衰，并且与人们的生活如此水乳交融？有文章这样分析："志愿精神植根于美国的建国历程。从建国开始，美国就形成了一种颇具特色的志愿者文化，它已深入美利坚民族的骨髓。在殖民地时期，为共渡危难，每个社区的成员必须承担各种工作，满足每一个方面的需要。他们发现，互助式的服务不仅已经超出维持生存的需要，而且还提供了社交渠道并培养了社区精神。"再就是宗教文化也提倡"志愿"服务，"美国的志愿者文化有其深远的宗教和文化根源。因为根据基督教教义，乐于助人是一种义务。基督教传统是美国主流的价值观和道德标准，因此，许多信徒将参加志愿者服务作为履行基督徒责任的一种重要方式”。

通过体验和观察，我发现“互助”“自治”的确已成为美国社区生活日常运转的一种常态。“互助”“自治”不但没有使社区生活失序，恰恰相反，它使人们的才能和财力得到了最大程度的发挥和释放，而且有效节约了其他社会资源。小善心、小善举，其实可以积聚巨大的正能量。

▲美国的志愿者文化无处不在

中国人在美国

为什么中国人到美国就遵守规则

2012年，美国东部时间8月5日，我抵达费城，开始在宾夕法尼亚大学的访问学者之旅，预期时间为一年。

抵达美国之后，由于语言相通的天然因素，借助于早已形成社会网络的华人圈子，我很快就接触到了不少中国人。他们中既有在此读书的博士生、硕士生，也有在此访学的教授、研究员，还有在此专门为儿女照看孩子的老人。

不少人很热情，跟我讲自己在此生活的经验，比如什么地方可以买到中国调料，什么地方可以找到华人医生，什么地方是孩子上学的好学区，天黑以后最好不要出门，费城发生过好几次枪战等。

但是，让我印象最深刻的是有人提醒和警告我：在美国，你要遵守规则，不管是开车还是办事，不要用与在国内时一样的思路。事情可以就是可以，不可以就是不可以，不要想着送礼或通融。

这么不约而同地告诉我此事的有两个人，一位是从广东移民到美国已经30年的饭店老板，他在费城周边开了连锁店，有相当的资本，是我朋友的朋友；一位是50岁左右的教授，在此访学一年，马上就要回国了，他在美国买了车，有美国驾照。

饭店老板说，我在这里30年，从底层做起，吃过无数苦，辛酸泪很多，但我还是要告诉你，这里办事情，一是一，二是二。虽然偶尔也有人收礼，可是他收了你的礼物，你该做的事情一点也不少。不会像在国内一样，收了你的礼、吃了你的饭，就可以通融，就可以将必须公事公办的事情减少一点，不会。

那位国内的教授告诉我，在美国停车你要自觉，这里没有停车收费员，全是自动化程序和自觉化管理。如果你想停车，就到路边的机器上投币，打印出自己将要停多长时间的纸条，放到车内靠近前挡风玻璃的地方。如果你超过了自己所打印的时间，被市政巡查人员查到，就会被罚款，补钱也没用，跟他说再多的好话也没用。我被罚过钱。另外，标明不能停车的地方，你可千万别停。

对于他们的提醒和警告，结合我自己还很有限的美国生活经验，我在处理各种事情的时候专门观察过，我发现在这里的中国人都非常遵守规则。比如，在各种各样的场合，都自觉地排队，偶尔有人无意插队，经人提醒或自己发现后，都会跟后面的人说抱歉，然后迅速走到队伍的最后面，绝不会像在国内那样与人争吵，也没有任何迟疑或不乐意的表现。

中国人在美国遵守规则，我觉得原因有两个，一是现实中的律法，一是心中的律法。前者可以称之为国家的法律规定，后者可以称之为民众的道德素质。法律规定体现为条文，道德素质体现为自觉。

饭店老板和教授之所以提醒我要遵守规则，是因为没有通融的余地，如果做事情不合规则，找关系是没有用的；而民众的道德素质也是重要原因，因为如果你不遵守规则，一般都会有人告诉你这样做不对。比如，你若排队加塞，一定会有人提醒你，也就是说，一方面你要自觉遵守，另一方面如果你不这样做，一定会有人提醒你遵守。

不过，我这个年龄来美国，早就过了认为“美国月亮更圆”的时候了，所以，我对于很多事情都不会一刀切处理。比如，我看到很多人在等红灯时，看看两边没车通过，就大摇大摆地过马路。闯红灯的行人什么人都有，白人、黑人，美国人、中国人，都这样。针对这种现象，我专门问过一位已经拿到美国绿卡的华人教授：难道美国的交通规则规定没车通过时，即使是红灯，行人也可以通过吗？他非常肯定地回答我：不行，闯红灯肯定是违法的，但多

▲美国纽约时代广场

数人在没有车通过的时候，还是会过马路；但是有红灯时，汽车是肯定不会这样做的。

看来，闯红灯的现象到处都有，不单在中国，也不单是中国人。不过，后来我也发现，费城的大街基本上都很窄，极少有像北京那样宽敞的街道，很多都是一个或两个车道的单行路，可以迅速通过；也有的街口是较大的双行道，在这种地方，几乎没有行人闯红灯。

从这个角度讲，大家遵不遵守规则，跟自己面临的风险是相关的。对应于我所说的国家法律与民众素质，不遵守规则的风险主要也有两种，一种是被法律制裁，一种是被民众谴责。相比而言，前者严格而具体，后者随机而模糊。在法律严明的地方，不遵守法律的后果很严重；在民众素质整体较高的地方，后者也变得严格而具体，因为多数人都很自觉，在自己守规则的同时要求别人也守规则，不遵守规则会受到整个社会的鄙视。中国人在美国遵守规则，大概是出于这两个原因。

此外，还有一个原因是移民的老板有感触而访学的教授感觉不到的，即这一代移民多数自认为也被社会认为是二等公民。正如已经移民30年的饭店老板告诉我，这不是我们的国家，我们是二等公民，我们在别人的地盘上，怎么能不守规矩呢？但是，我想反问的是，美国白人不是二等公民，他们在自己的地盘上，不也一样守规矩吗？因此，这个原因基本上不能成立。

异域他乡的国人相轻

“一个中国人是条龙，一群中国人是条虫”，手头上没有柏杨的著作，记不清他到底是不是讲过此言，不过，这句话很流行，辛辣地批评了中国人的劣根性。到美国后，我虽然没有看到个体与群体的对比，但却不止一次地看到国人相轻的事实。

之所以谈到这个话题，因为最近又有中国人在“宾大中国学生学者联谊会邮件组”上吐槽中国餐馆及中国老板，并对国人的秉性进行评论，且呼应者众。

“宾大中国学生学者联谊会邮件组”在费城华人圈小有名气，不少人来此之前就加入其列。它虽然打着宾夕法尼亚大学的旗号，但并不局限于宾大，费城的其他高校，比如天普大学、德雷塞尔大学以及不少在费城工作学习的华人，都参与或曾经参与其中。邮件组内容庞杂，处理二手物品、寻求帮助、探讨民主、扩散教会信息、结伴出游等，应有尽有。一般而言，华人圈里有什么稀罕事，甚至国内发生了什么事情，基本都能在里面找到影子。

近日，有个中国人在邮件组中痛诉自己在费城一家著名的中餐馆跟朋友吃饭被欺的经历。他们几个人在水煮鱼中发现了卷曲毛发，告诉服务员，结果店主冲过来狂吼：你们为什么不在上菜的时候发现、不在吃到一半的时候发现，现在快吃完了才发现呢？说不定是你们自己把东西放进去的！然后，要他们证明不是他们自己放进去的。发邮件的人对中国人欺负中国人的做法感到非常气愤并且郁闷。

其实，这已经不是第一次有人发邮件诉说此类遭遇了。去年8月，我刚刚抵达费城，就有一个中国人发邮件说自己在宾大附近一家规模较大的中餐馆就餐时被欺，引得好几个中国人以自身亲历加以佐证，有人甚至呼吁大家都不要去那家中餐馆。

我清楚地记得，在两封邮件中，都有人以亲身经历证明“餐馆服务员对待美国人的态度明显优于中国人”，更有朋友搜寻了对第一家餐馆的所有评论，发邮件总结：“说这个饭店好的都是老美，说这个饭店或者饭菜质量有问题或者服务态度有问题的都是老中，给我的感觉就是，这个饭店的服务对象是老美，所以说我们进错了门。奉劝各位消消气，别伤了身体，不要再抱怨这个饭店了，只能怨我们自己不识相。如果一定想去就提前化化装，整容是必须的。这是中国人的悲哀!”

大概在2012年12月初，也有人发邮件告诉大家一件类似的事情：朋友的家人去费城某中国超市买东西，进门被绊倒之后撞得头都破了，店员给中国老板打电话询问如何处理此事，老板却问：“是中国人还是美国人?”当得知是中国人时，这位老板告诉店员不要管。

很明显，要是美国人，这事麻烦就大了。对此，不少人气愤地回信，让发邮件的人请律师起诉这家中国超市。

我认为这种中国人轻视中国人的现象最主要的原因是中国人的权利意识差。在上述三个事件中，邮件的主人没有一个去投诉或者走法律程序解决问题，都是发发牢骚而已。最有理由走法律程序的是那个摔破头的人，他后来却发邮件说，写邮件不是为了别的，只是给大家提个醒，朋友觉得多一事不如少一事，反正也没摔坏脑袋，这事就算了。或许，经营者正是看中了这一点，才敢对中国人不理不睬，因为这样做没有什么不良后果。

此外，作为经营者的中国人自身素质不够高也是一个原因。在费城，去过美国超市和中国超市的人立刻就能体会到两者之间的差别。在中国超市里，没有保质期的产品并不鲜见，甚至有的超市，结账的单子永远打印模糊或者标识混杂，令你搞不清自己到底买了什么东西。所以，一般在这里居住时间较长的中国人，好多都不去中国超市买东西，就是因为对产品的信任度不够。

有些人将这种事情归为个别现象，不认为跟国人的秉性有什么关系，不承认中国人有什么劣根性，认为不同国家的人都是一样的。我认为这种“不承认”有道理，但是，人文与社会批判不同于自然科学，后者可以严格到找不到一只白乌鸦，而在人文与社会的批判或研究中，总会有例外出现，甚至可能有好几只白乌鸦，但是，这不能抹杀人文与社会批判的解释力与说服力。所以，不同国家的人作为一个共同体的确有不同特性，如大家都认为德国人严谨、法国人浪漫，这并不是空穴来风。中国人看不起中国人，看来也所言不虚。

▲费城唐人街

中国移民家庭的两代文化冲突

关于第一代移民与子女之间的文化冲突是跨文化传播中研究的重要问题之一，我没有系统地进行过研究，本文只是简述两个中国移民家庭与子女之间的点滴文化冲突，也并不希望管中窥豹，就是觉得他们之间的冲突案例很有意思。为避免涉及隐私，我在下文中将这两个家庭称之为A家庭和B家庭。

A家庭和B家庭的结构是一样的，都来自中国大陆，A家庭在上世纪90年代中期移民美国，B家庭在2000年以后移民美国。两个家庭都有两个孩子，第一个孩子都在中国出生，长到五六岁后跟随父母到达美国，第二个孩子都是到美国后出生的，就是通常被称为“ABC”（American Born Chinese）的孩子。就是说，两个家庭中的老大都接受过中国的幼儿教育；老二都没有，接受的是纯粹的美国教育，价值理念和思维方式可以说是完全美国式的。

两个家庭中的交流也是同一模式：父母之间的沟通用中文；父母与孩子之间的沟通，在多数情况下父母跟孩子讲中文，孩子跟父母讲英文。两者的差别在于A家庭的孩子在课外都上中文学校学习中文，B家庭的孩子都没有上中文学校，而且B家庭的父母为了让孩子的英语发音更纯正，到美国后没教过孩子一句英语，老大的英语都是在美国的学校里系统学习的，足够native。

这样做对孩子而言是有价值的，因为如果英语发音有口音，可能会在学校里被其他孩子模仿或嘲笑，对于敏感内向的孩子，也许会产生心理压力，不利于融入同学中。正因如此，B家庭中的老大和老二区别不大，不像在中国长大的孩子那样对父母的意见言听计从，与父母的文化冲突更为明显。比如，她想纹身，但母亲坚决不同意，老大很不高兴，进行过多次抗争也没成功。母亲最后给出的意见是这个问题以后不要再提了，现在肯定不行，等你结婚成家，你愿意怎么纹身那是你的自由，家长不干涉。

A家庭的老大跟家长没什么冲突，学习很用功，上了常青藤名校，找到了非常好的工作。但老二就不一样了，虽然也去中文学校学习，可是，累了的时候会抱怨，会跟父母讲："别的孩子都不学中文，为什么让我学中文？"因为其他孩子在她学中文的时候去参加party或者go shopping了，孩子当然很羡慕。其实这种心理不难理解，在美国的社会环境中，对孩子而言并没有多少机会使用中文，她无法体会到学习中文的好处。

实际上她的中文很好，我去她家做客的时候跟她聊天，甚至听不出来她是在美国的中文学校学习的中文，发音的标准程度跟在中国长大的孩子没什么差别；只是从体形上能看出差别——不是体形不好，而是体形很好，能看出来身体健壮，胳膊上有肌肉，不像典型的中国女孩子。一般而言，在中国长大的女孩子十六七岁时胳膊上是不会有肌肉的，但多数美国女孩子的身体很壮，胳膊上有肌肉非常正常，因为经常参加体育锻炼。

这跟美国的学校教育注重锻炼有关，体育课很多，无论男孩子还是女孩子，运动能力都很强。我在儿子的学校操场上见识过，五六岁的男孩女孩打篮球时的控球能力、传球意识、上球姿势都很棒。我还带孩子专门到镇上的运动场看过一天初中一年级的篮球比赛，毫不夸张地讲，这些孩子的篮球水平不次于中国的高中生。

另外，我曾收到过中国学生家长的邮件，鼓励大家去白宫的网站上请愿、到别的学校提要求，要求将乒乓球课设置成学校的常设体育课。原因是由于天生体质的因素，包括中国在内的亚洲孩子在美国最流行的橄榄球、篮球等运动上，多数无法跟美国的孩子抗衡。在美国的学校中，能够受到同学欢迎并且赢得喝彩的，不是成绩优秀的孩子，而是体育足够好的孩子。

回过头来，我们继续说A家庭中的老二。她母亲说孩子曾经几次要求买smart phone（智能手机），说同学们都有了，但她认为孩子现在的自控力还不够，坚决不给买。还有，美国的孩子流行“过夜派对”（Sleepover Party），就是在一些节假日、生日或其他特殊的日子，大家到一个同学或朋友家里，尽情地狂欢一晚上，然后住在那里，第二天早晨家长再把孩子接走。A家庭中的母亲坚决不允许孩子这样做，理由是不知道、不了解别人家的情况、氛围和文化。为此，老二跟母亲闹过好几次，说这样她就没朋友了，等等，可是母亲仍旧不答应，告诉她闹也没用，后来孩子就不要求了。

这些事情都算不上什么大事，都是生活中的常事。这些发生在家长与孩子之间的冲突，说明中国的文化和思维方式表现在家长身上，也表现在家长对孩子的教育上，反映了中美两国文化和思维方式的差异。

用“政治正确”在美国“维权”

有一次，家人身体不适，我给费城的Penn Medicine医院打电话预约医生，电话接线员让我提供了一些信息之后约了看医生的时间。第二天，我收到了医院财务部门发来的邮件，意思是我得交押金且数额不小，理由是我上保险的公司有可能不能支付我们的医疗费用。

此前没有遇到过这样的事情，上次孩子不小心摔破了头，去附近医院急诊，并没让交押金。这次让交押金，我感到很疑惑，也不知道这是不是美国医院的通行做法，于是，我就去找美国邻居、中国邻居和久居此地的朋友询问，结果得到的答案是一样的：不能交，也不需要交，因为我们有保险。

我便给医院写信，说我问了好多人都认为我们不需要交押金，我们原来去医院看病也不需要交押金，这次为什么让我们交押金？医院的财务部门回信说你的保险只能负担费用的80%，剩下的20%需要交押金，没办法，你得交押金。

我又去咨询别人，得到的答案是：美国医院都是先看病后付费，不用交押金。陪儿子去医院的仅有经验也告诉我，在美国看病患者不需要带钱，医院首先会将账单寄给保险公司，保险公司支付完之后，然后告诉客户，公司为你支付了多少钱，你自己仍然需要支付多少钱。随后，需要个人支付的医院账单可能也到了。也就是说，患者刚看完病时不知道花了多少钱，医院也不告诉你花了多少钱，而且，医院当时无法告诉你具体数额，财务部门需要进行统计后才知道。

就这样，我又给医院写信，告诉他们我所知道的和经历过的情况，拒绝支付押金。医院再次回信说不行，如果不支付押金，就不安排医生。我很气愤，可由于语言不够精通，我一时也不知道该如何应对医院。有位移民到费城的中国大姐跟我说，可能是医院觉得你刚来不久，而且待在这里的时间也不会太长，便认为你存在财务风险——医院被赖账也不是什么稀罕事。不过，你的身份、信用记录、现在所在的单位都没问题，你可以说他们歧视你，美国人就怕这个。

我知道这个词——歧视——在美国可是个“政治不正确”的词汇，每个人和机构对此都非常忌讳。美国的“政治正确”是个相当复杂的问题，其实这个词无关意识形态和政治，而是与少数族裔、性别、同性恋等少数群体有关。从某种意义上讲，很难明确界定其中包括的内容和含义，但大家都熟知并在日常生活中小心谨慎地遵守。比如，不能称“黑人”为“黑鬼”、不能拒绝孕妇找工作、不能说黑人懒或者智商低、不能说同性恋变态、不能说别人信仰的宗教不好或者有问题，等等。

谁要是信口乱说就有可能被告上法庭，而公众人物如敢讲这些更会付出沉重的代价。2005年初，哈佛大学校长劳伦斯·萨默斯在会上说了一句“女性学理科天生不如男性”，被报道之后，舆论立刻炸锅了，招致社会的激烈批评。为挽回影响，萨默斯立刻公开道歉，并表示哈佛大学将在未来10年内斥资5000万美元提升女性学者在科学领域中的地位。但是覆水难收，道歉、表态都没用，他的言论让人无法相信他会在未来的工作中公平地对待女性。最终，他遗憾辞职。

继续说医院让我交押金的事，中国大姐的话提醒了我，我立刻写信给医院，说你们这是歧视，我有保险、没有不良信用记录、在国内有稳定工作，医院不应该收我的押金，我能支付起20%需要个人负担的费用，现在也能交得起钱，但是，你们不收其他人的押金，却单收我的押金，这是对我的歧视，这不应该是著名医院所为，期待你们能给我一个令人满意的答复。

其实，这时我已经准备好交钱了，来来回回地说太麻烦，反正即使给医院交了押金到时候花不了也得还给我。写这封邮件的时候，我想着就算死马当成活马医，医院不同意也无所谓，我认了。毕竟，到美国的时间太短，且签证只有一年，人家不放心也是正常的。

意想不到的是，第二天一早我就接到医院打来的电话，通话时间有五分钟左右，半分钟说押金不用交了，相信我有足够的信用，也相信我有足够的财务能力支付需要个人负担的费用；剩余的四分半钟，都在解释医院这样做不是歧视，让我千万不要误解，医院对任何患者都没有歧视，会平等对待每一个人。说老实话，有些单词我听不懂，而且听着听着就走神了，一是高兴不用交押金了，二是想这招真管用，美国人在“政治正确”上的确认真，我一说“歧视”，医院就紧张了。

好吧，我现在不用交钱了。

漂在美国的快乐与痛

胡曼荻女士写了本小说，名字叫《美漂》，约我写篇书评。她在费城的《海华都市报》（繁体版中文报纸）写专栏，每周一个整版，内容庞杂，既有在新加坡、美国等跨国生活的生活记录和人生体悟，也有类似时事评论性质的议论性杂文，还有款款吟来的诗歌。我常看《海华都市报》，与该报总编曹益谦先生畅聊时，得悉曹先生与胡女士是好朋友，故此，见到曼荻女士之时，虽从未谋过面，彼此却并不陌生。记得圣诞节前第一次见面时，她就说自己的一部小说即将在国内出版，这就是《美漂》。

《美漂》写的是华人在移民美国的过程中发生的各种故事，就像大家曾经耳闻过的一样，在这种故事里当然悲喜皆有，人生状况起伏不定。事实上，如果你亲耳听过各类移民讲述自己的移民故事，差不多都像小说。《美漂》的新鲜之处在于讲述的已不再是众所周知的底层移民群体艰难求生的故事，而是一批知识精英在美国主流社会中的奋斗与浮沉。故事的人物大多是从中国名校或美国名校毕业的，在体面的职场工作，在和各色美国本土人士打交道的同时，他们也总能自然而然地回到故国人士形成的圈子中。

这恰好与我来到美国之后不断地接触各类人等的短期生活体验相互印证。由于各种因缘际会，我认识和接触了很多在大费城地区生活的中国人。在这些形形色色的人士中，有的是在常青藤大学或者美国中上流大学执教的教授，有的是在著名医院坐诊的医生，有的是在世界政府组织或非政府组织中工作的专职人员，有的是在制药厂担任中高级职务的专业人士，有的自己开公司销售保险，有的经营饭店当老板，当然也有帮人搬家的苦工……林林总总，我也不知道怎么就认识和接触了如此之多的国人。在各种场合的交流过程中，我听到了各式各样的移民故事，恰似《美漂》所述“漂在美国”的各个不同版本。

他们每个人的故事或许都可以写成一本书。他们不远万里抵达异乡，其间的悲欢、起伏、纠结、取舍等，你不听故事或许觉得可以想象，但是等你听完故事后，多半会发现自己的想象力相当不足。不过，这就是生活，就像曼荻女士所说：“美漂其实是一种生活，选择了，便意味着漂洋过海客居他乡，甘苦自知。”除非是好友，没人愿意跟你诉说当初移民之时的窘境，但移民者会在言谈间不自觉地流露出这种情况，最常见的句式是：“你们现在的条件好多了，我们当年……”呵呵，这时，他们提到的往往不是当年之勇，而是当年之窘。

“漂”这个字很有意思。“漂”的发生，在物理意义上多指顺风顺水下行，但是在社会意义上却成了逆风逆水上行，是从边缘走向中心的向上漂移，无论是漂在北京还是漂在美国均如此。或许这就是移民者面临的矛盾与艰难所在：本该下行却坚决上行，难度之大可想而知。漂着的人常常自嘲地告诉别人“在北京漂着呢”，形象地描绘出自身的生活状况，那就是辛苦无奈、沉浮不定。在某种程度上，漂在美国的国人和漂在北京的国人，其生活状况有异曲同工之处，因此，“美漂”固然不如“京漂”更为国人所知，但境况却有颇多相似之处。

但是从另一个角度来讲，既然如此艰难，为什么还有那么多人坚持“飘”着？为什么还有那么多人宁愿住地下室也要待在北京？为什么还有那么多人愿意花费精力或金钱移民美国？为什么还有那么多人心甘情愿地放弃舒适的工作与生活到北京或美国去“搏”一个不那么确定的未来？

活在世上，任何人做任何事都得有一个说服自己的理由，否则不会有继续做下去的动力，甚至即使想偷懒，都

▲纽约布鲁克林大桥

得找一个理由。不用说，对于上面的问题，对于那些坚持行动的人，一定有什么“诱惑”对他们散发着巨大的吸引力！可能这份吸引力对每个人来讲都不一样，但是它的力量一定足够大。从这个意义上来说，《美漂》中讲的是几个人的故事，背后却是整个世界的现实。如果有一天“漂在中国”成为事实，那一定是中国的光荣与梦想到来的时刻。好吧，这或许很遥远，但无论如何，值得我们期待——不论时间长短，希望这最终不会成为一个梦。

枪与选举

美国人持枪的地理空间因素

我跟绝大多数中国人一样，对美国人持枪以及不禁枪的行为感到不理解，尤其是在美国频发恶性枪击案之后，美国依然不禁枪，更令人费解。

为了搞清这个问题，在没来美国之前，我专门翻阅过各种各样的文章和书籍，试图搞明白美国不禁枪的原因，最后发现比较容易理解的原因集中在以下三个方面：

第一，《宪法》支持。美国《宪法》第二条修正案规定："管束良善之民兵乃保障一州自由所必需，人民持有及携带武器之权利不受侵犯。"（A well regulated militia, being necessary to the security of a free state, the right of the people to keep and bear arms, shall not be infringed.）也就是说，按照美国的社会管理方式，修宪之前，禁枪是不可能的事情。

第二，枪支利益集团阻挠。美国全国步枪协会（National Rifle Association）是一个非营利性民权组织，被认为是典型的利益团体，积极投身于各项有关维护公民持枪权利的政治运动。它经常与其他支持持枪的各种组织以及军火商利益集团共同游说美国议员，反对禁枪。

第三，制衡国家权力的思想传统。美国人持枪的历史源于反抗国家权力滥用的思想，美国人认为这是对公民权利和私有财产的保护，是对国家公权力的制衡。有人不同意这种说法，认为这是一种泛政治化的主观臆想。但从历史和理论来看，这种反对不具有说服力。其实，即使美国全国步枪协会也是以“允许公民携带枪支，保证民众自由，限制政府权力”的理念来动员民众支持其主张，并动员民众给议员们施加压力。如果美国民众不认同这种理念，协会不可能有这么大的能量干预政治。

到达美国之后，我专门向一些美国人以及在此生活多年的华人请教过“美国人持枪”问题，结论是上述三个理由都成立。我在美国期间，2012年12月14日，美国康涅狄格州纽顿镇，20岁的白人男子亚当·兰扎在家中杀害母亲后，持枪闯入附近的桑迪胡克小学，枪杀20名学生和6名成人，然后饮弹自尽。此事震惊世界，奥巴马发表演说时禁不住流了眼泪，表示要采取“有意义的行动”，却仍然不敢承诺“禁枪”。因为基于以上三条理由，尤其是第一条，政治人物没人敢说“禁枪”，所以在竞选中，候选人都会尽可能地回避这个问题，以免失去选票。

除去以上三条理由，我在美国生活一年的体验是，美国人持枪还有一条理由，即地理空间因素——美国地广人稀，人们似乎有持枪自卫的必要。在到达美国之前我也听别人说过这条埋由，但是由于无法亲身感受，并没觉得是重要因素。然而，到了美国之后我便对这条理由有了深刻的认同。我开车从首都华盛顿经巴尔的摩、纽约到波士顿，总共1000多公里的路程，算是美国人口集中的地区，但是只要过了城市到达郊区，人口密度便迅速下降，到处都是两三层小楼的house，即中国语境中的独栋别墅。有的house占地面积很大，我所居住的费城西郊偏北处有些Million House，不仅有车库、草坪这些基本设施，还有网球场、游泳池等占地较大的设施。有的house坐落在山上，由于地理原因，离周围的house较远，在我这样一个久居密集城区的中国人看来，安全性确实存在问题。

事实上也确实如此，即使是不在山上的普通house，如果遭到入室抢劫，主人大声喊叫，周围的邻居也未必能听得到，因为彼此的距离有些远。在离我的住处大约两公里的一个镇上，今年（2013年）3月，一座house遭到三个歹徒入室抢劫，男主人是医生，女主人是会计，但当时好像只有一个人在家，结果在家的那位主人掏出枪来进行射击，把三名歹徒吓跑了。后来邻居告诉我，歹徒如果已经逃跑，是不能再从背后对其射击的，这是法律规定。对于那些坐落在山上的house，当地人告诉我，持枪不仅能防止入室抢劫，还能防止动物袭击，因为有时候熊会出没。这个持枪因素对我这个长期生活于平原地带的人来讲，真是感到很新鲜。

其实，美国人持枪的地理因素，想想也不难理解，美国人有3亿，中国人有13亿，他们的人口只是我们的一个零头，而两国的国土面积却差不多；并且，由于地理条件的优越，美国适合居住的区域比中国要大，美国人确实有安全需求。正是在这个意义上，我才突然理解为什么那么多house都安装着落地玻璃，看上去安全性很差，却没人敢不经主人允许而登堂入室，因为屋里的人可能有枪，并且有枪的可能性很大。目前，美国私人持枪量约3亿支，人均1支枪。

关于枪：与美国邻居霍华德的对话

小时候玩“警察抓小偷”的游戏，“警察”手里有木头枪，或者用自行车链子做的所谓的枪，等抓到“小偷”的时候，就用枪指着他，同时嘴里发出“啪”的一声，表示击中“小偷”了。不过，我从来没有过木头枪和链子枪，我的动作是用大拇指和食指做打枪状，所以，玩的时候总是很羡慕小伙伴，这种羡慕埋藏太久之后就消失了。可是到了美国这个可以合法持枪的国度，尘封已久的羡慕让我产生了极大的好奇心，很想去枪店看看真枪。因为不熟悉地方，且对于去枪店有些许担忧，我就问邻居霍华德能否陪我一起去，他听后，脸上有转瞬即逝的惊诧，然后说“可以”。我看他有些勉强，便略过这个话题，后来我有意识地跟他聊其他细节，以下就是我们关于枪的对话：

问：在宾州买手枪或者步枪需要持枪证或者许可

证吗?

答：不需要。在宾州买枪不需要任何许可证件，你只需去枪店购买即可。但是，在其他某些州会有严格的规定，比如，在新泽西州买枪需要许可证。每个州都有不同的法律对持枪加以规定，但总体而言，买枪是非常容易的事情。你可以到其他州购买；也可以直接从私人手中购买，而不必非到枪店购买。

问：在宾州如果隐蔽持枪需要许可证吗?

答：需要。如果你想隐蔽持枪，必须获得持枪证。州里的相关机构会检查你的精神健康状况和你的犯罪记录。而且，你还必须有一个隐蔽持枪的理由。不过，整体而言，这些都不难。如果你说你要到一个治安状况不好的社区旅行，他们一般即会允许你隐蔽持枪。但是，如果你在家持枪自卫，不需要任何许可证件。

问：你的朋友有枪吗?

答：我的多数朋友没有枪，只有少数朋友持枪。有些朋友持有步枪，用来打猎或者在靶场打飞碟；少数朋友持枪是为了保护自己的家。这些持枪的朋友人都很好，我并不害怕他们。我也敢肯定，我有些邻居家中有枪，但我不害怕。

我在新奥尔良遇到过一位妇女，她走进我住的宾馆房间，掏出钱包放在桌上，然后又掏出一把手枪，当时我以为她想对我实施抢劫，其实不是，她想掏烟，手枪正好在烟的上面，碍事，她就顺便把枪掏出来了。她说在新奥尔良所有的女人都有枪。知道这件事情之后，我在新奥尔良时对每位女士都特别有礼貌，哈哈。新奥尔良是路易斯安那州的一个港口城市，邻近墨西哥。在美国南部，人们更喜欢枪，而且喜欢随身携带枪。

问：你见过有人开枪打人吗？

答：1974年，在我到达费城的第一个月里，我看到了两次开枪射击。一次是警察开枪射击入室抢劫者，一次是商店业主开枪射击劫匪。从那以后，我再也没亲眼见过有人开枪射击。

在费城的确有很多人遭到枪击，但那一般都是在贫民区，我非常害怕在贫民区持枪的人。

问：你支持禁枪吗？为什么？

答：我不喜欢枪。我认为对于普通市民来说，没有必要有自己的枪，因为有些脑子有病的人会用枪射杀别人，罪犯也会用枪干坏事。有时持枪人没有经过太多思考就把枪拿了出来。我觉得人们没有必要持枪。有些人认为持枪是为了自卫，我不认同这个理由。我有个朋友随身携枪，有一次，他被抢劫了，他拔出了枪，但是劫匪也有枪，结果他被劫匪打死了。如果他没有用枪“保护”自己，我觉得他可能还会活命。这种事情有很多。

问：那你认为禁枪这件事情在美国有可能实现吗？

答：非常困难。一是因为有非常活跃的游说组织支持持枪，这个组织就是全美步枪协会（National Rifle Association）。全美步枪协会认为法律不应该限制人们拥有枪支。这个组织很有钱，是枪支制造商捐赠的。它用这些钱去做广告，让人们喜欢枪支，同时告诉政治家不要设立与枪相关的法律。

第二，有些人认为，美国宪法规定人们可以持枪，在第二条修正案中规定：“管束良善之民兵乃保障一州自由所必需，人民持有及携带武器之权利不受侵犯。”很多人认为这个规定意味着每个人都可以持枪。但是我认为它只是规定政府可以拥有军队，而不是每个人都可以持枪。

美国南部的居民更喜欢持枪，他们倾向于支持共和党，支持禁枪的都是民主党人。我觉得将来会有更多的民主党人执政。民主党的政治家应该会有更多的办法来控制人们持枪。

在美国参加什么党派属于个人隐私的范畴，因此当时我不便问霍华德的观点，后来我才知道他是坚定的民主党支持者（我依然不知道他是否为民主党人），认为共和党的政策只能让富人更富、穷人更穷。针对美国成年人的两年一次的“综合社会调查”（General Social Survey）显示，1973年，约有55%的共和党选民持枪，45%的民主党选民持枪。近40年来，持枪率一直在下降，但放弃持枪的几乎都是民主党人，2010年，共和党选民的持枪率仍为50%左右，但民主党选民的持枪率降至22%。这也就不难理解，一向友善有加的邻居为什么对我请他陪我去枪店面有难色了。

超级风暴会影响美国大选吗

2012年的飓风桑迪（Sandy）对美国造成的灾难性后果超出预期。其实，美国人已经预料到了情况要比预想的更严重：CNN在风暴没来的上周五强力预告之时，使用的英文是hurricane（飓风），但是在风暴刚刚降临的周日晚上便改成了superstorm（超级风暴）。

我所居住的区域在费城西郊，在这次风暴中，属于幸运之处。烈风吹了一天一夜，雨一阵阵地下，不过都不大。10月30日上午出门去看，最严重的是胳膊粗的树枝被吹断了不少。也就是说，事情并不像媒体上说的那么恶劣。但是在我所住的这个学区，一共有10所中小学，却有5所断电，学区的校车存放处、仓库也已经断电，整个区域有87处道路被吹倒的大树或其他物件阻断，学区通知继续停课一天。

整个美国东部的受灾情况远超预期，50人死亡。从受灾情况看，东部17州中，以纽约和新泽西最甚。遭遇断电的820多万户居民和商家，半数集中在这两个州。在1.6万架次已经取消的航班，纽约占到1.5万架次。纽约有7条地铁被淹，具有108年历史的纽约地铁系统遭受到了有史以来最严重的灾难。新泽西北部有4个城镇因溃堤而成沼泽。由于飓风的后续影响，各项数字都在更新中。

在这样的非常时刻，稍微有点智商的政治人物都不会再提总统选举，谁要是再敢造势选举就是找死。所以，奥巴马和罗姆尼都在上周五就宣布取消了在多个州的竞选集会，但这并不意味着大家不再考虑选举的问题，对于两位候选人来讲，时间紧迫，选举的弦始终紧绷着。况且，在超级风暴劫掠的地区中还包括像弗吉尼亚、宾夕法尼亚、俄亥俄等被称之为“摇摆州”的地区。

对奥巴马来讲，抗灾救灾就是选举。抗灾救灾得力，不一定加分。在美国民众的理念中，政府抗灾救灾是必须的，总统出力再多也是应该的，不然要政府和总统干什么？但是，抗灾救灾不力，一定会减分。奥巴马没有第二个选择，必须全力以赴抗灾救灾，他也因此在最后一刻宣布取消在佛罗里达州的竞选活动，匆忙赶回华盛顿。目前来看，媒体传递的信息是美国人对奥巴马的表现基本满意。

对罗姆尼而言，由于手中没有行政权力来调动政府资源进行抗灾救灾，而且现在就从奥巴马的抗灾救灾表现中找刺，显然为时过早，只能引起选民反感。他目前可以做的只能是低调地表现自己，这主要借助于两个形式：首先，通过向支持者喊话，呼吁他们为受灾者捐款，支援灾区；再就是自己亲自上阵，到救灾前线秀一把。当地时间10月30日，罗姆尼在俄亥俄州参加飓风救灾活动，亲自把水搬上卡车。因为仅从超级风暴的情势来看，媒体不可能会把太多的镜头对准罗姆尼。

倒是政治态度明显的《纽约时报》发表了《大风暴需要大政府》的社论，猛烈抨击罗姆尼试图像其他共和党人的总统一样，坚持抵制联邦政府的应急规划。因为按照罗姆尼的观点，不仅认为各州独立行事可以比联邦政府更好地应对飓风，还认为追求利润的公司甚至可以做得更好。他认为如果救灾意味着要增加债务，那么联邦政府去做这些事情就是“不道德”的。这是罗姆尼在去年共和党初选时的言论，现在被翻了出来。克林顿也因此在最近的佛罗里达的集会上，对选民大讲罗姆尼当选才是破坏美国的最大风暴。

动态地看，在距美国大选日还有一周的时间里，突然来袭的超级风暴对选举的影响是存在的。但是，目前能够确定的是，这种影响只体现在影响选举的进程上；对于最后的选举结果，影响却是非确定性的，没有谁敢说奥巴马或罗姆尼会因此能够拿下最后的选举。即使奥巴马得到了罗姆尼头号盟友、新泽西州州长克里斯·克里斯蒂的盛赞，也不能太当真，那只不过是一种必须应该表达的礼貌态度，而不是政治态度。

各大媒体和民调机构所做的民调结果，其时间都没有包括10月30日，这是个重要的日子，是超级风暴过后的第一天。所以，无论是ABC新闻和《华盛顿邮报》联合调查所说的罗姆尼领先一个百分点，还是CBS新闻和《纽约时报》联合调查所说的奥巴马领先一个百分点，都没有太大意义。要知道，这种民调的误差，全国范围内是3个百分点，摇摆州是4.5个百分点。况且，超级风暴的严重后果可能会减弱人们的投票意愿，这对奥巴马来讲不是一个好消息。

从整体上来看，超级风暴对美国大选的影响是显而易见的，但是要下最后的断言一定是胡说，这也是显而易见的。

感受美国总统大选

在距11月6日（2012年）大选投票日还不到一周之时，我很好奇自己周围的美国人对总统候选人的看法。

我的邻居乔纳森

我在费城西郊的一个小镇客居，乔纳森·戈登斯坦是我的邻居。他36岁或者更大，但最多不会超过40岁（在美国年龄是隐私）。他是位律师，同时也是三个孩子的父亲。

一个半月之前，我儿子不小心摔破了头，他开车带我们去医院，没吃晚饭，陪我们在医院度过了漫长的三个多小时，又把我们送回家。自此，我与他逐渐相熟。

大概一个月前，我们包了饺子，上门表示感谢，因为他的大女儿告诉我们她喜欢吃中国的饺子，何况我们也想不出其他的感谢方式。寒暄过后，送下饺子转身离开的时候，我突然看到他家门前的美国国旗下多了一块牌子，上面写的是罗姆尼与瑞恩。

我回家看了一下日历，10月3日是美国总统选举辩论赛第一场。也就是说，乔纳森在辩论赛前已经表达了自己的选项。

宾大的朋友告诉我，在美国，入的是什么党派、拥有什么样的政治态度，属于隐私，因此所有的表格中都没有“政治面貌”一项。所以，虽然我想问他乔纳森为什么支持罗姆尼，但却没问。

不过，我还是想知道原因。于是，在第三场辩论赛（10月22日）之后，我试着写了邮件给他，问他是否可以告诉我为什么支持罗姆尼。

他迅速地回信了，而且表示很高兴与我探讨这个问题。他说：“我支持罗姆尼先生，是因为他比奥巴马先生坚持更小的政府、更少的税收、更少的管制。我认为管制最少的政府才是最好的政府。我以为，政府越大，拿走的越多，给你的就越少。”

乔纳森还给我举了例证，说：“1974年8月12日，前总统杰拉德·福特在国会发表演讲时曾表示，一个政府如果大到足以给你所需，那么，意味着这个政府已经大到足以掠你所有。”他还说，政府消费越多，企业家和愿意冒险创业的人就越少，而他们是真正提供工作机会的人以及经济体系中的财富创造者。

对美国政治有所知晓的人士都明白，乔纳森的观点可以说是美国保守派（共和党）人士的经典论点。更大的政府还是更小的政府，是民主党与共和党在政治观点上的基本分野。正因如此，飓风过后，《纽约时报》发表了《大灾难需要大政府》的社论，论证大政府的合法性，抨击罗姆尼的小政府理念。

除此之外，他还说："我是个民众拥有持枪权利的积极支持者。奥巴马却不是，他试图最大程度地限制个人持枪的权利。"乔纳森还阐明了自己的理由："我相信，被解除武装的人民不是自由的人民；我还相信，害怕人民持枪的政府，人民应该对其目的报以极大的怀疑。"

"当然是奥巴马，当然！"

10月30日是美国东部"桑迪"飓风过后的第一天，也是费城宣布恢复正常交通的第一天，人们仍然惊魂未定。我坐火车到费城最繁忙的30街火车站转车。这个车站不仅有开往东西南北各个郊区的火车，也有开往华盛顿、纽约等地的火车。

出了车站，我拦住了一对情侣，男的是黑人，女的是白人。当我刚刚说出你会将选票投给谁的时候，那位让我称他“希恩”的男士就迅速地说：“当然是奥巴马，当然！奥巴马非常棒，他是最棒的，他什么都好，没有谁比他更适合当总统了！”

我问：“为什么？”他语速很快，反问：“为什么不是？难道要投票给罗姆尼？他仇恨不富有的人以及穷人。看到他高高在上的样子，我就讨厌。”我又问：“奥巴马好在什么地方呢？”他说：“他很勇敢，是个好领袖，美国的经济在逐渐繁荣，他带领美国克服了经济危机。你看，飓风来了的时候，他做的不是很棒吗？”

我问他旁边的女士的看法，她说：“我也是，我觉得奥巴马是位不错的总统，至少比想当总统的罗姆尼要好很多。”我说：“你觉得奥巴马会赢吗？”希恩和她一起说：“当然！”

我还想问些问题，但是希恩告诉我他们还有事，很高兴认识我。10分钟后，我碰到了一位华裔，他本来看上去并不匆忙，但是在我提问的时候，他好像急着要赶路，说：“我投票给奥巴马，美国经济能渡过危机很不容易。其他的我不想多说。”他好像在回答我的问题又好像在自言自语：“罗姆尼本来不行啊，怎么就成了现在这个样子了呢？”我说，问最后一个问题：“您的职业是什么？”他说：“医生。”哦，我突然意识到费城的华人从医者很多，我碰到的访问学者或博士后，似乎半数都是从医的，其他两个专业是生物和计算机。

在琢磨希恩无比肯定的回答时，我想起了乔纳森给我写的最后一条理由，他说："相较于奥巴马，我相信罗姆尼是以色列的更好的朋友。"我差点忘了，乔纳森是犹太人，他曾告诉我，犹太人和中国人有很多相似的地方，对孩子教育严格，重视家庭关系，很多人从事研究和写作，等等。事实基本如此，只是犹太人对孩子的要求更严格，他们的孩子更独立。

在美国的选举中，族裔是个重要因素。奥巴马在2008年的大选中，获得了95%的非裔选民选票。即使在今年首场辩论明显失利之后，皮尤中心的民调依然显示，奥巴马在非裔选民中的支持率仍高达90%。所以，飓风之后，在10月31日的新闻报道中，专栏作家吉尔伯特·卡恩博士指出：2012年大选，族裔因素依然非常关键。正因如此，每次选举，都有要重点争取的族裔，今年是拉丁裔，在民主与共和两党的大会上，都曾邀请了拉丁裔代表上台发言。

两个月前，我问过周围的华人邻居（这位邻居移居美国已有15年左右）。对华人目前在美国的状态，这位邻居说华人直到现在还是不够受重视。他自言自语："什么时候华人才会受重视呢？等华人能够在社区中有力量、能用选票影响区域之时，华人就受重视了，现在太分散了。”

这里的选举静悄悄

如果有人以为媒体上热闹非凡的美国大选把百姓的生活搞得鸡飞狗跳，那就大错特错了。事实上，在三个月前的8月5日，当我刚刚踏上美国，在芝加哥奥黑尔国际机场转机以及抵达费城国际机场的时候，就注意到周围竟然没有竞选广告之类的张贴品。后来，我在费城城内居住了近一个月，只在东侧邻居家前发现插有一块标有奥巴马及其竞选网址的小牌子，它成为我儿子从外面回家的标识，看到牌子他就知道马上要到家了。

后来我搬到纳伯斯小镇，镇上也没有什么竞选广告。不过，这里人们居住的房子大多类似于国内的别墅，不像城内的公寓，空地较多，显得院里或者门口插有支持奥巴马或者罗姆尼的小牌子比城内多了不少。在总统选举辩论开始前后，牌子越来越多，好多家门口都有。但是，也没有哪些地方张贴竞选广告，即使在小镇的火车站——这个最中枢的交通枢纽中，也找不到竞选广告。

10天之前去华盛顿旅行，情景也是如此，包括在规模很大的联合车站内外，以及白宫周围、有着众多博物馆的街区，至少我都没看到什么跟竞选有关的东西。倒是正对着白宫的地方，有位老太太搭了个帐篷，向来来往往的人呼吁，停止支持以色列作恶。另外，在华盛顿旅行期间，我住朋友家，他家在靠近华盛顿的弗吉尼亚州，情形与费城基本一样，只是零星有些候选人的牌子。

不夸张地说，这里的选举静悄悄。

但是，谁都知道美国总统选举的广告费用超高，今年的大选被称为史上“最昂贵的大选”，两位候选人募集的资金都在20亿美元以上。在这些钱中，用于广告方面的预算都花在了媒体上。打开电视，到处都是广告，一遍遍不厌其烦地播放，而且广告大多都不仅仅是号召投票给哪位候选人，还包含着攻击另外一位候选人的内容。纸质媒体也有，《华尔街日报》《纽约时报》都有竞选广告，但是数量并不大。

毕竟，时代不同了，纸媒不仅不是老大且被很多人认为已近黄昏，所以，除了线下的政治集会，热闹的事情都在网上。无论是在脸谱网还是在推特网，奥巴马和罗姆尼的账号下都拥有大批粉丝。当然，51岁的奥巴马比64岁的罗姆尼的粉丝多得多，奥巴马在推特网上有2100万以上的粉丝，堪称世界上粉丝数最多的政治人物，而罗姆尼只有160多万粉丝。在网站上，针对两位候选人的各种搞怪短片或照片，不计其数。

宾夕法尼亚大学有一份学生独立完成的报纸，在我看来质量已相当好，名叫《宾夕法尼亚人日报》。在当地时间11月1日出版的头条，可以看到，宾大有80.5%的学生参加投票，其中59.2%的学生投给奥巴马，只有13.5%的人投给罗姆尼。

联想到网上的粉丝数量，你是不是觉得奥巴马赢定了？但是，看看民调数据，估计谁也不敢得出最后的结论，只能说奥巴马胜出的概率更高。不过，这些都没什么意思，在整个大选期间，大家都只能说模棱两可的话，都是正确的废话。所以，等着吧，不着急，总统是美国人的，跟我们关系不大，对吧？

与克林顿咫尺之遥

美国东部时间11月5日（2012年）下午4:40，距11月6日的总统大选最后投票已经进入倒计时。我走到费城沃纳特街与33街交叉口的宾夕法尼亚大学体育馆，准备去参加克林顿为奥巴马助选的演讲活动，但是等候队伍的长度实在让我太吃惊了——足足有5条街那么长，而且前面已经有很多人入场了，后面还有人在源源不断地加入进来。费城的街道不长，我估算了一下，大概有800米，但是加上后来的人，队伍应该超过了1000米。

这大大超出我的预料！中午在去沃顿商学院吃饭的路上，就看到有学生在散发克林顿将要来宾大演讲的传单，我想当然地认为不会有太多的人前来。因为在我居住的小镇上，除了有的house前面插上了奥巴马字样的小旗，没有其他的竞选活动，一切都是静悄悄的，所以，我并没把克林顿前来演讲当回事儿，直到在图书馆坐累了，我才不慌不忙地过去。

11月4日，美国刚刚实行冬令时，时间回拨一小时，5点也就是平常的6点，因此天已经快黑了；那天还很冷，大概是4℃，但是，大家好像都不觉得冷，非常耐心地等待长长的队伍缓慢前行。突然，后面有人尖叫，随即呼喊声响成一片，我转头一看，在距我两三米的地方，满头白发的克林顿正在车里向外跟大家笑容可掬地招手呢。这是一个媒体无处不在的信息社会，在电视与网络上，大家对克林顿的形象已经十分熟悉，因此见到真人，我并没有特别的感觉；况且，我向来对政治人物不感兴趣，今天前来只不过是想体验一下美国总统选举的气氛，所以，我的心情是很平静的。

然而，我发现站在我前面的两位大约50岁的美国妇女却激动得不可遏制了。穿黑色上衣的女士大叫着双手捂住脸，等克林顿的车闪过之后，无比兴奋地扭头对我说："天哪，我看到他的脸了！我看到他的脸了！"旁边那位穿白色上衣的女士则大声高呼："我也是！真的是他！我真是太幸运了！"她看我手里拿着手机，大叫："你拍到照片了，是吗？"我说："没有。"她一脸遗憾。我倒是有点儿不好意思了。

不过，她们的激动还没有结束，白衣女士掏出手机开始给家人打电话："亲爱的，我非常非常幸运，我看到克林顿了，他在跟我招手！他在跟我招手！”黑衣女士则用无比快速的英语给我讲她如何喜欢奥巴马以及克林顿。说老实话，我大部分没听懂，不仅是由于语速太快，关键是我走神了——因为我有点错愕，我实在没想到她们会如此激动，虽然刚才我看到她们在排队的时候，从兜售的小贩手中买了奥巴马的像章戴到胸前。

我看了看手表，5:45。距我开始排队已经过去了一个小时之久，我被冻透了。我想我为自己的政治好奇和社会观察付出了代价，没想到“悲剧”在后面呢。6:05，前面的队伍突然散了，所有人都从挪动改为大踏步甚至跑了起来。原来，体育馆关闭了！因为里面的人已经满了，不再放行了！通过外面的扩音器，我能听到里面震天响，克林顿的声音很沙哑，还不时清清嗓子。不知道是为了民主党还是为了妻子希拉里，克林顿这次真的为奥巴马使足了力气，到处演讲，为其助选。

没有进去的人，除了少数人离开，大部分都依然在体育馆外的草地上等候，并且响应着里面的演讲：在克林顿埋汰罗姆尼的时候，哄笑、嘘声响成一片；在克林顿赞扬奥巴马的时候，鼓掌、尖叫声不已。这时，天已经完全黑了。体育馆里不时有人出来，拿着支持奥巴马的旗子或条幅，我就和其他人跟保安人员交涉，问能不能让我们进去，保安人员说不能。我看了看表，6:35，也就是平常时间的7:35，此时很多人已经累了，但他们坐在冰凉的长条石板上，继续笑与叫。体育馆内外，真是激情澎湃。我再次在手机上查看了一下温度，3℃，我已经瑟瑟发抖了。看来，作为局外人，我只能看看热闹，不懂得美国人对选举为什么有那么高的热度。

我走了。

美国的大学与教授

中美教育差异：听话与对话

在国内时久闻美国的朋友说美国的研究生课堂教育是“讨论式教学”，而非我们惯常的“填鸭式教学”。到宾夕法尼亚大学之后，我选听了三门博士生课程，分别是国际传播、政治传播、网络社会运动。经过亲身体验，所言不虚。比较而言，可将美国与中国两种不同的教育方式概括为“对话”与“听话”，整个社会文化则可概括为“对话文化”与“听话文化”。

美国的博士生课堂基本上就是十几个人，选课之时标注得很清楚，课堂上最多可以容纳若干人。多数为15人，至多是20人。但实际上没有这么多，我选听的几门课程，即使加上像我这样的访学人员，也均在15人以下。无论多么大牌的教授，都是如此。

课堂上，每个学生都会对教授课前安排阅读的文献材料进行发言，发言基本分为三种形式：或者是讲述，就文献材料的核心论点加以总结；或者是评论，就阅读过的文献材料发表见解，提出自己的观点；或者是疑问，请坐堂的教授或者自己的同学进行解答。当然，混合使用三种形式也很常见。

无论以什么方式，大家都是在进行对话，学生与学生之间、学生与教授之间，都是如此。有时学生争论起来，教授想插话也得等一会儿；而且，教授也愿意听完所有人的发言。在中国的所谓“授课”，在这里就是坐在课堂上的师生，不停地讲述、评论、思考与回应。

整个过程没有话语垄断者，没有话语权威人，每个人都在听别人说，也在说给别人听，每个人都是布道者，也是倾听者。并且，即使是声名赫赫的教授，面对学生的提问，如果不懂也会毫不迟疑地说“我不知道”“我不是很清楚”“我没有把握”。

我听过无数讲座，听过的课程更多，极少听到国内的教授直言自己不知。有位即将在布鲁塞尔自由大学毕业的博士留学生，在微博上看到我说这方面的话题，感慨道：“中国老师上课时什么时候会说不知道啊？”

对此，我也有同感。在我们的教育理念和执行方式中，老师是话语权威者，垄断了整个课堂的教学过程，学生只不过是听众。在整个过程中，双方极少交流；在我经历的全部学习生涯中，从小学至博士均如此。

我们都耳熟能详韩愈的名句："师者，所以传道授业解惑也。"问题是老师要知道学生的"惑"在哪里，就得让学生表达，与学生对话，不能自说自话。我们不要以为美国的对话式教育只适用于研究生阶段，其实，自幼儿园至大学均如此。我家孩子在这里读美国的kindergarten（幼儿园大班），老师会耐心地让每个孩子发问，也会认真地回答每个孩子的问题。有时候，回答完班里20个孩子的问题后，一节课就结束了。

不过话说回来，多数中国学生也"乐于"听话而不是对话。原因不难找：从小到大接受的就是这种教育。不听话的学生，在学校里一般不会有什么好果子吃。曾经发生的幼儿园虐童事件、小学教师强迫学生下跪事件等，都是因为学生淘气所致。家长在家里教育孩子，也要求学生一定要听老师的话。我不知道这算不算是中国特色，但我知道很多孩子不听家长的话，但是听老师的话。

另外，如果从经济学假定的"人都是趋利者"的观点出发，中国人也不可能不听话：上学时不听话不招老师待见，在家时不听话不讨家长喜欢，工作后不听话领导不让你升职……总之，你不听话就得不到好处。历史上的各种运动已经一次次昭示国人，挑战权威风险极大，听话的人才有光明未来。无数人仰望星空做沉思状：中国何时出大师？问题是在"听话文化"的背景中，心智都用在了不该

▲哈佛大学一角的窗户

用的地方，哪里还有精力出大师？

更为可怕的是，我们丧失了对话的能力。这表现在教育上的一个明显现象就是学生提不出问题。我的课堂经验是：让学生提问时，教室里经常鸦雀无声。对此，我虽然有些不满，但无意批评学生，因为自己做学生时也是如此，想提问时经常犹豫紧张半天，甚至犹豫紧张之后，还是无法提出自己的问题。所以，我不认为学生有错，是社会有错——从教育理念到教育方式，从学校到社会，都应该改进，也有改进的空间。

黑格尔说："人是靠思想站立起来的。"显然，"听话"是听不出来思想的，听话的前提就是放弃自己的思想，甚至放弃自己的利益。"对话"则不然，对话是所有的参与者都在说，大家在互动中相互矫正，共同受益。就整个社会的层面而言，对话容易知晓他人的想法，能够及时消减其中存在的负面因素，不至于最终使用强力，两败俱伤。显然，我们要从变革理念开始，建立制度，认真施行，将"听话"转为"对话"，将"听话文化"转为"对话文化"，将"听话政治"转为"对话政治"。

美国大学：坐而论道的知识生产

孔子与诸弟子当年坐而论道，终成《论语》；柏拉图与师父苏格拉底坐而论道，诞生对话体《理想国》。毫不夸张地讲，2500年前的坐而论道，影响世界至今。

但是，今天的人们好像已经不讲“坐而论道”了，在当下的中国，“坐而论道”甚至成了一个贬义词，讽刺一个人空谈理论，不切实际；大家信奉的是“起而行之”以及“理论联系实际”。在大学里，教授如果不让学生去实习简直是逆天行为。

但是，抵达美国之后，在这个我曾经认为实用主义至上的国家里，我体验到的却是另一种状态：在这里“坐而论道”是常态，是学生与教授的基本工作。文献研读，主题讨论，各种演讲，没完没了的对话、辩论、研讨会……学术活动日常化，非常普遍，活动简洁，没有繁文缛节，场面并不宏大，但是在本领域内世界知名的教授经常会出现。

这里的教师好像没有其他事务，就是天天搞学术。理论上，大学教师不用坐班，每周只有一两个小时的office time，其实不然，他们几乎天天到场，参加各种活动。我与同来的中国学者在一起聊天，大家对比起国内的教授以及自己，都颇有感慨。

这里有的老师或博士后写篇文章，在论文投稿之前或者发表之前，就会拿到课堂上讨论，或者组织全院的老师和博士生做一个talk，请大家提意见。我想，别管生产出来的东西具有多大价值以及能管用多久，最起码他们的认真态度、开放状态以及尊重学术的精神，值得我们学习。

博士生的任务就是读书、读教授指定的各种阅读材料、课堂讨论、写各种论文、参加研讨会。按规定博士生不能出去挣钱；如果想打短工，学校规定累积起来不能超过一定的时间。即使这样，他们一般也得上四五年才能毕业，甚至更长，那么，这些博士生的素质可想而知。

世界各地的人到这里演讲——大学的、非政府组织的、国际组织的，教授与博士生的参与热情都很高，或者说根本不能叫热情，就是常规。曾经在国内因《媒介事件》一书为业内所知的卡茨教授今年85岁，经常参加各种talk，并且提出各种问题，而那些进行演讲的人，有的就是副教授或博士后。但是，提问者并不因为自己是大牌教授而口气不敬，就像刚入学的博士生。卡茨教授的脑袋总是不由自主地摇摆，手也抖得很厉害，就餐时饭都很难放进嘴里，但却坚持到学校，并且参加各种学术活动。我坐在他旁边时，每每感慨万千。

中国科学院化学所研究员、美国哥伦比亚大学化学博士王鸿飞曾经在科学网发表《十有八九的博士和博导不合格》一文，讲道："以我在Columbia的学术标准来衡量，我所在的研究所和中国最好的大学，99%的研究员、教授和毕业的博士是不合格的。以美国三流大学的学术标准来衡量，中国大陆99%的研究员、教授和毕业的博士是不合格的。"话虽严苛，却似乎并非没有道理。

2012年冬天，我驱车去波士顿的哈佛大学，返回费城时途经坐落在纽黑文市的耶鲁大学，建筑之美不必多讲，虽令人艳羡，却也算不上是大学的核心。不过，一路听了不少故事，我却颇受触动。其中我印象最深的是耶鲁大学发表的《耶鲁报告》。

19世纪初，美国的大学适应社会需求，开始设置名目繁多的实用学科和课程，包括常青藤大学在内的很多名牌大学都未能免俗。但是，注重培育人文精神的耶鲁大学对此给出了有力回应，在1828年发表了著名的《耶鲁报告》，其核心是肯定以古典学科为主的人文教育的重要价值而排斥科学的实用教育，反对过早专业化和职业化；高

▲哈佛大学

等教育应该注重心智训练而非职业训练，宣称“没有什么东西比好的理论更为实际，没有什么东西比人文教育更为有用，大学里为本科生所开设的教学课程不应包括职业学，专业化必须晚一点开始……心智的训练使学生具有对社会的责任感”。

这让我想起在国内经常有人问我：“他研究的那东西有什么用啊？”还让我想起在美国参加的一些学术活动，正如问及的好像没什么用；教授或博士生那么认真地完成一篇论文，好像也没什么用……但是，《耶鲁报告》里面有答案，不过并不是我们所熟知的那一套。

像我这个年龄，虽然绝对不老，但来美国其实已经没有太多的激动和新鲜感，包括对美国地理的好奇心也不强

▲耶鲁大学

烈。因为在这个传播全球化的时代，很多东西都已经通过媒体知晓了，特别是通过各种书本了解得更多。然而，到来之后，对美国学者坐而论道的学术研究过程与刻苦精神，即使此前已有耳闻，还是感到震撼。

美国教授为何不热衷于当官

在我们的各级各类大学中，教（学）而优则仕、研（究）而优则仕的现象层出不穷，甚至已经成为高校通行的法则，并反过来成为给一个人加以定位和评价的标准：教授如果在学校没有一官半职，只是个普通教授或研究人员，说明你的教学或学问做得不够好。掏出名片来都觉得不好意思。

但是，美国高校的生态环境却非如此，甚至可以讲与中国相反，因为美国的大学教师不想当官。去当系主任或院长，在很多教师看来是在浪费自己的学术生命，烦琐的行政工作会耽误自身的学术进步。不仅如此，当了系主任或院长，被投诉的可能性会大大增加，有点儿自找麻烦。所以，美国大学的Dean（主任或院长）在某种意义上讲是个略带公益色彩的职位，担任这个职位的教授，得有点儿公共奉献精神。

中美大学之间为什么会有这么大的反差呢?

形成此种状况当然有很多因素，不过，其中最大的因素是这个职位所能掌握和支配的资源。

在中国，泛权力化的社会结构决定了最大的资源是行政资源，其他社会资源都附着于行政资源之上。这种情况原封不动地表现在了中国的大学身上，比如大学分为副部级大学、厅局级大学等。大学的行政级别表现在大学内部，就会有厅局级的院长、正处级的系主任或院长等。相应的，大学的各种资源，无论是学术资源，如课题、各类学术委员会、科研获奖、教学名师等，还是非学术资源，如房子、工资、福利、办公室等，都是根据行政级别或者是否有行政头衔来确定的。

“官者通吃”是大学的一个明规则，只要有了官帽就“几乎”什么都有了。为什么说是“几乎”呢?因为有了官帽，不一定就有了学问。学问是否增长，跟官帽没有什么关系。如果说有关系的话，甚至是负相关。这也好理解，一旦当官，坐下来读书写文章做学问的时间自然就减少了，能够在时间减少的情况下使学问增加的人，估计是天才。不过，对于当了官的人来讲，有了官位之后，就有资源组建研究团队，就可以不干活只挂名，各种政府奖项、学会奖项等照拿不误，各种挂名文章照发不误。

高校运行的行政化和权力化弊端，已被充分认识并在国家层面形成改革共识。比如，在2010年7月发布的《国家中长期教育改革和发展规划纲要（2010—2020年）》关于“建设现代学校制度”中明确提出：“推进政校分开、管办分离。……克服行政化倾向，取消实际存在的行政级别和行政化管理模式。” 2013年11月，十八届三中全会《中共中央关于全面深化改革若干重大问题的决定》重申：“创造条件，逐步取消学校、科研院所、医院等单位的行政级别。” 2015年5月，《教育部关于深入推进教育管办评分离促进政府职能转变的若干意见》要求“积极创造条件，逐步取消学校行政级别”。2016年11月，新华网报道：北京大学校长林建华日前接受媒体采访时表示，北京大学的综合改革正在稳步推进，效果开始逐步显现。在人事改革方面，北京大学未来将尝试取消院系行政领导的行政级别，并采用聘用方式，进一步弱化行政级别，加强人员流动。

比较而言，在美国的大学，教师发文章、拿项目、获学术奖项等，跟有无官位、戴不戴官帽没关系。系主任或院长，甚至是更大的官，都不能决定教师的各种资源，也不能决定教师的职称晋升。教师的学问做得好不好，当官的说了不算，同行评议或教授委员会说了才算。其实，由于美国的学术杂志没有版面费，极少利益交换，声誉颇高，教师的文章发在什么水平的杂志上，基本就确定了他的学术研究水平。

在事关大学教师最为重要的切身利益方面——职称评定，当官的说了也不算，甚至没有当官的说话的份儿，还是由同行评议或教授委员会来确定。但在我们的职称评定委员会中，学校的各级别官员差不多全在其中。正因如此，从中国有最高声誉的大学到最不起眼的大学，每年在职称评定时都会发生各种各样的矛盾：在校内散发公开信、到校领导处吵架、在网上发表意见书等，这些现象都不罕见。然而这种现象在当下的美国大学却极为少有。

中国的大学教师在当官之后利用公共资源为自己的所谓研究团队服务，是常见的事情。但是，在美国无论谁当了系主任或院长，也不能动用公共资源为自己服务，公私必须分明。否则，你不仅可能被其他教授投诉，而且还面临校方或董事会的调查，真要如此可就惨了，官当不成，大学教师也做不成了。

中国的教授不当官，多数不会觉得自己是学校的主人，学校只不过是一个工作的地方，那些当官的人才是学校的主人。美国的教授却不这样认为，他们觉得自己就是学校的主人。有个历史段子大概可以说明这种心态：1952年，二战英雄艾森豪威尔将军应哥伦比亚大学的聘请担任校长。上任伊始，将军在教授们为他举行的欢迎会上说客气话，表示对会见哥伦比亚大学的“雇员”们感到万分荣幸。这时，著名物理学教授、后来成为诺贝尔奖得主的拉比教授站了起来，自负却又不失风度地说："先生，教授们不是哥伦比亚大学的'雇员'，教授就是哥伦比亚大学，你才是学校的'雇员'。"

由上观之，美国的大学教师当然不想当官，更不热衷于当官了。理性地考虑，这是个可以理解并且容易理解的结论，简单地讲就是当官没啥好处，没好处谁当呢？中国的不少大学教师，一旦学术稍有起色，甚至是学术还没有起色，就开始忙活当官了。其实，这也是理性选择，因为当官有很多好处，当然要当官了；因为研究学术要坐得十年或更长时间的冷板凳，机会成本和积淀成本都很高。好在是我们的大学正在加速去行政化，要给学术研究创造更好的条件，要让认真搞学术的人不吃亏，或许到那时，中国的学问能整体变得好一些。

美国的大学教师为何能潜心学问

我在美国访学的感受是与中国的大学教师相比，美国的大学教师静下心来坐而论道、潜心学问的人更多，而且他们的学术激情也热烈许多，这是什么原因？

除却教授的学品与兴趣这种个性原因之外，大概还可以从四个方面解释：一是学校的学术制度因素；二是学校的非学术制度——工资因素；三是社会的经济结构因素；四是社会的制度结构因素。

第一个因素较容易理解，学术制度的要求让教师有足够的压力。举例而言，美国大学实行的终身教职制度（tenure），分为助理教授、副教授和教授，这三个等级是终身教职轨（tenu-track）。

需要说明的是，美国没有讲师（lecture）这个职称，他们所谓的“讲师”都是不在终身教职轨上的工作人员。简单地讲，是学校雇佣的临时人员，不能参加晋升教授序列的职称评定，主要从事教学工作，基本不从事科研工作，如果学生评教不好，随时可以被学校解聘。这跟国内的“讲师”职称是完全不一样的概念。

但是在终身教职轨上，助理教授不是终身制的，只有升到副教授才是终身制的。也就是说，只有晋升为副教授才可以歇下来喘口气儿。残酷的是，这段时间内如果无法从助理教授晋升为副教授，就得离职走人。所以，这是个相当艰难的过程，一般需要7年左右的时间。美国有句话——“Publish or Perish”，意指“发表或死亡”。从这个角度讲，年轻的大学教师的确无暇他顾，唯有不停地钻研学问，以期在顶级期刊上发表文章，获得同行认可，才会有学术上的光明未来。

另一个就是学校的非学术制度——工资因素。对于美国的大学教师来讲，工资是隐私，大家相互不知道彼此的工资数额，每个新来的教师都需要跟系主任或院长talk自己的工资。而且，不同的院校、不同的学科之间，教师的工资也有很大的差别。比如私立名牌大学的工资比公立大学高得多，而公立大学的工资又受制于各州财政。在一所大学内，医学、法学、商科的教师工资要比文学、史学的教师工资高不少。但是，总体而言，美国大学教师的收入属于中上等，他们的工作是令人羡慕的。

还有一个因素是社会的经济结构因素。在美国整个社会的经济结构中，吃、穿、住、用、行等物价较低，中上等的教师工资已经完全可以解决这些基本问题。这个我在《美国物价：什么东西便宜》一文中已有论述。也就是说，即使是让中国人特别发愁的住房问题在美国的大学教师那里都不是太大的难事。中国的大学教师即使月入一万元，在北京五环买套房子，也得奋斗三四十年。这对于美国的大学教师，是不太可能发生的事儿。

第四个因素是社会的制度结构因素。美国的整个社会基本上是按照规则运转，突破规则的人情关系能起到的作用较小。举例来说，孩子上学跟你居住在哪里密切相关，除非你上私立学校，一旦上公立学校，就得按照居住地原则，规定如果不允许，交多少赞助费、找什么人，都不能更改原则。国内情况却与此不同，无论是幼升小还是小升初，家长们都得各显神通，将孩子塞进那些著名小学和中学。显然，在这时普通教师的孩子是吃亏的，因为家长没有资源用来交换。正因如此，国内的大学教师都忙着当官，以便让自己有资源来进行社会交换，服务于自己和家庭。

由于社会按照规则运转，美国的大学教师平常只需要钻研学问，干好自己的事情就行了，不必花太多心思去经营社会网络。而在国内这样做却有点儿“冒险”，为了自己和家人，教师不得不花时间经营社会网络，以备不时之需。否则，到了需要找人解决问题的时候就傻眼了。“书呆子”在中国是个贬义词。其实，读书人要是没点儿读书的“呆样”，很难做好学问。那些整天到处忽悠的“非书呆子”，看上去名气很大，不少却名不符实。

中国的大学教师学问做不好，除却个人因素之外，社会因素在其中也起到了很大的负面作用。按照社会学的说法，在我们这个社会中，很多人都投入了大量的“灰色时间”去经营社会网络，以期积累所谓的关系社会资本。当下的中国，依然没有摆脱“熟人社会”的运转模式，所以，中国人常常感觉活得很累，把本应用来陪家人的时间投入到陪领导甚至不相干的人身上去了，参加些莫名其妙的饭局、认识些可能用得上的各色人等，以期混个脸熟将来好办事。

跟中国移民聊天，他们似乎有一种解脱的感觉，觉得在美国生活得很简单，即使工作累，心却不累。从这个角度讲，美国的大学教师之所以能够安心从事学术工作，工作时间与家庭时间严格分开，是因为不需要花太多的“灰色时间”去经营社会网络、不需要挖空心思地找人办事，只要干好自己的事情就可以了。其实，这不仅可以解释美国大学教师为什么能够潜心钻研学问，还能解释美国其他行业的人士为什么能够专心从事自己的职业，从而提高了整个社会的强大创新能力。

到美国留学是一场文化冒险

美国国际教育学会和美国国务院共同发布的《门户开放》（Open Doors）报告显示，2012至2013学年，中国在美留学生有23.6万人，是最大的在美留学生群体，占到全世界82万在美留学生的28.7%，连续3年高居榜首。而且，中国留学生的人数增长很快，3倍于整体速度，美国留学生总数比上一学年增长7.2%，中国留学生人数增长21%，其中本科生人数增长26%。

中国人确实有钱了，送孩子去美国留学对很多人来说不是什么特别困难的事。在京城中产阶层以上的饭局上，留学和移民是两个极为常见的话题。很多人说起孩子留学都很激动，有的已经把孩子送出去了，有的即将把孩子送出去，有的正准备把孩子送出去，有的正在多方搜集信息中，但总体来看，很多人对去美国留学相当乐观，好像孩子去了美国就会受到良好的教育，就会有个美好的未来。

以写政论专栏出名的薛涌目前在美国波士顿萨福克大学（Suffolk University）历史系教书，出过一本书，名叫《跟着薛涌留学去》，书里讲的不是人们想象中的留学神话，而是去美国留学的“坏话”，说的都是美国中等教育和高等教育的不好，是到美国留学让人无法乐观的事情，或者说其中有很多陷阱。这种陷阱有的是中介造成的，有的是美国学校造成的，有的是学生个人造成的。但是，这种陷阱由于信息不对称很多学生并不知道，很多家长也不知道。

需要说明的是我跟薛涌的观点一样，“我一向主张有志的年轻人或不那么年轻的人都尽可能去留学”，薛涌是留学的受益者，我自己是访学的受益者。我在宾夕法尼亚大学这所“常青藤大学”待了一年，体验了美国一流大学的部分真谛，之所以说“部分真谛”，是因为我待的时间不够长，又不是正规的学生，只是访问学者，有些情况来不及也没机会体验。

我印象最深的是书中谈到的低龄学生的留学风险、中国学生最青睐的大学商科在美国大学的层次、美国大学教育的豆腐渣工程等，这几个问题确实是家长和学生需要注意的，比如像我这个年龄的家长，孩子刚上小学不久，有些朋友就开始打算让孩子将来去美国读寄宿学校了。事实上，让孩子不远万里去美国寄宿学校读书，是个非常冒险的举动。美国好的寄宿学校很少，像格罗顿中学（Groton School）这样的一流学校，全美也就二三十所，每所学校学生也就两三百人，容量很小。最关键的是孩子小小年纪就在完全陌生的环境中求学，这对其心理和情感都是极大的挑战，不确定性很强。我在美国听说有的留美孩子甚至染上了吸毒的毛病。吸毒是美国青少年中的大问题，是发达国家富裕社会的通病。

跟那些不入流的寄宿学校一样，很多美国大学看中的就是中国留学生的高额学费，有些财务状况不好的学校大量地接纳中国留学生，对于学生进去之后的成长，并没有细致的跟踪教育。别看中国在美国有20多万留学生，其实

▲美国学前班里的中国元素

99%的人跟一流大学不沾边。里根政府的教育部部长William Bennett曾经对美国3500所大学评估之后的结果是:值得上且有教育投资正回报的大学，只有150所。

国人熟悉的大多是声名赫赫的一流大学，这些大学跟绝大多数留学生没有任何关系。这也是为什么近年来好多人由“海归”变“海待”，不再像上世纪八九十年代那么受欢迎，原因是虽然归国人数多了，但是很多归来者水平不够。事实上，“中国留美的一流人才依然是一去不归”，即使归来也不会成为“海待”。

在专业的选择上，很多中国留学生都选择商科类专业，像管理、市场营销、广告等，实际上，商科在高等教育中属于比较低端的类别，但是由于要求较低、容易入学，很多人选择的都是这类专业，我有一位朋友的孩子即如此。在美国本土的学生中，除了在宾夕法尼亚大学沃顿商学院、麻省理工斯隆商学院等学习的少数精英，多数人的整体资质层级并不高。正如薛涌在书中所说“一般而言，层次越低的大学，商科的比重越重”。这很正常，全世界高等教育的共同逻辑都是层级越低的大学，在专业设置上越偏重于实践，学校和学生越急功近利，美国的多数名校在本科阶段都不提供商学院教育。这跟中国国内的一流高校区别很大，国内的好多高考状元都进了光华管理学院等。

▲**美国普林斯顿大学校园内的中国十二生肖雕塑**

当然，想去留学的人也不必泄气，而应该更清醒地规划自己或孩子的留学路径，去那么遥远的地方留学是一场文化冒险，赌注是留学者的未来。从这个意义上讲，绝对马虎不得，要有足够的信息来丰富自己对留学的认识，从而更好地选择留学的方向、专业、学校、城市、地域，等等。既然是冒险，肯定想有收获；既然想有收获，肯定要知己知彼，如若不然，所下的赌注便很难有满意的回报，除非你的生命里有中六合彩或者中六合彩似的运气。

近距离看美国小学

5岁儿童在美入学记

儿子刚到美国之时已经5岁，需要上学，所以，在抵达美国之始，包括还没动身来美之前，我就到处打听关于学校的事情。幸运的是，一切都还不错。

这边的入学规则是你的居所所在位置决定孩子在哪所学校入学。这种“就近原则”跟中国所说的“划片入学”是一个意思，不过，其中又存在着极大的差异：中国的“划片入学”要求孩子具有居所所在地的户口，但是美国人没有户口；同时，也不是说你要在这里买房孩子才可以就近上学，而是你只要能证明自己住在附近即可，所以，无论是你自己单独租住的房子，还是合租的房子，都可以。

于是，拿到正式租房合同之后，我们就预约了到学区办公室报到的时间。按照约定时间到达之后，我们等待了大概5分钟，然后只用了10分钟，工作人员就办好了孩子的入学手续，效率相当之高。那位女孩对于我们的等待表示抱歉，同时很热情地祝贺我们迁到新居，还告诉我们不用担心孩子的语言，学校有专门针对外国儿童的语言学习课，孩子很快就会适应的。

开始我们还担心由于我们是“老外”会影响孩子入学，事实证明，这种担心完全多余，美国学校接受孩子入学实行的是“无国别原则”，孩子是不是美国人跟入学没有任何关系。我甚至听朋友讲，即使你是非法移民，孩子一样可以上学，美国人很坚定地认为教育是必须的，这是孩子的基本人权，每个孩子都应该上学。

而且，不管是美国孩子还是外国孩子，只要到了一定年龄，上学都是免费的。美国实行12年义务教育，不过，各州学制并不一样，比如，有的初中上3年、高中上4年，有的初中上4年、高中上3年。其实这个问题很好理解，就像美国各州的法律不一样，有的甚至差别很大，一切皆源于美国各州拥有强大的自治权。这一点体现在美国的各个方面，就像你在特拉华州买东西免税，在紧邻的宾夕法尼亚州就不行，衣服、鞋、食物等可以免税，包包、电脑等就得缴税。

不过，像义务教育这种事情，不管学制如何，美国各州却是一样的，都是12年义务教育，而且，免费教育都是从“K年级”开始。“K”是指kindergarten这个单词，“K

年级”相当于中国国内的学前班或幼儿园大班，但又不完全相同——它的意思是孩子再过一年（6岁）就要上小学了，进入小学就算正式上学了，不过，在正式上学之前，孩子要有个适应学校的过程，所以就设定了这么一个年级。既然目的只是让孩子适应，当然不能给孩子太大的压力，所以，学校在学时的安排上，每天只给孩子安排一个上午或一个下午。也就是说，有的孩子是上午班，有的孩子是下午班。不过，老师是全天都在工作的，每天教两个不同的班级。

概括来说，儿子在美国的入学状况超过了我们的期望值，一是手续简单，不需要托关系；二是免费，需要给孩子交的钱就是每个月15美元的零食费和饮料费；三是学校给孩子开办了英语学习课程，也是免费。顺便说一下，美国的校车，不管远近，都是免费的。不过，我们住的地方离学校近，走路就能到学校，不需要坐校车，这令儿子很不高兴。他想坐校车，每次去学校，看到其他同学从校车上下来，眼里满是羡慕。

儿童与美国社区图书馆

我们居住的宾夕法尼亚州纳伯斯小镇，儿童乐园的旁边就是这个社区的图书馆。去年9月刚搬到小镇的时候，因为儿子上的是K年级，只在下午上学，上午是闲着的，我们就经常带他来这个儿童乐园玩，也经常参加图书馆为小孩子设置的“故事时间”。9月，“故事时间”是每周1次，10月开始，就改成每周2次了。

为小孩子讲故事的是图书馆的馆员Tina，她每次会选出四五本书讲给小朋友，讲完之后唱英文歌，前后总共半小时左右的时间。之后就会让孩子们画画、玩玩具、玩贴纸游戏……很多彩笔被放在一个大盒子里，也有很多纸，供孩子们涂鸦。儿子刚开始时听不懂英文，在别的孩子都在地毯上“围圈圈”听故事的时候，他就搞怪，要么伸脚、要么踢腿、要么吃东西，或者要求离电脑近些，因为电脑里有小朋友玩的游戏。后来我不得不规定他，在听故事的时间内不可以吃东西、不可以玩电脑，听完故事之后才可以做这些事情。

我想，不管怎样，这是一个全英文的环境，孩子在这种环境中坚持下去，一定会有收获的。渐渐的，我在儿子的身上看到种种变化：他慢慢地不再搞怪，可以听懂一些故事，也不再随意走动了，后来他终于习惯了每周2次去图书馆的例行活动。就像他从没有拒绝过去一个语言不通的学校上学一样，对于去图书馆他也一次都没有拒绝过。我想，这里面一定有他想去而不需要强迫的理由。

美国的社区图书馆是分区的，一般分为成人区、青少年区、儿童区。每个区域都可以坐下来阅览，各个区域又都设有专门的音像区，音像和图书一样，都可以免费借阅，并且没有数量限制。儿童区的布置非常温馨，为了防止儿童磕碰，窗台上都铺有软褥，随意放着很多毛绒玩具及其他玩具。

更小的小孩，比如3岁以下的，也可以在这里玩玩具，可以“玩书”（这里有很多专门给小小孩玩的用特殊材料制作的图书，小小孩怎么折腾也撕不坏）。孩子玩得高兴了，家长可以把书借回家。

来这儿听故事的大多是4岁以下的孩子，像我儿子这样5岁的孩子就算“大龄”了。有好几个经常来听故事的宝宝才刚学会坐，也就七八个月的样子。有个小宝宝才3

▲美国社区图书馆为孩子们定期举办故事会

个月，她妈妈因为要带她的小哥哥来这里，就每次都带她来。Tina对任何孩子都一视同仁，给孩子们发贴画时，也给这位宝宝一张，贴到她的小衣服上，不管她醒着还是睡着。事实上，大多数时候宝宝都在睡梦中。

两周前，儿子学校有书会，可以买书。他选好自己看中的书后，就会有志愿者帮他填好“购买意愿单”，然后他把意愿单拿回来，让父母决定买还是不买。我看到书名后，就立刻到社区图书馆搜了一番，心里想着如果有这本书，就在下一次的“故事时间”结束后借回家，但是我没有找到。我向Tina求助，她在电脑上查询后告诉我：“我们馆里没有，但可以向其他的社区图书馆借调。”果然，几天后我就收到邮件，答复道：书已到，可以去取。

美国一般的社区都有自己的社区图书馆。如果有需要，几个社区（一般是一个县之内的）图书馆之间可以互相借调图书或音像，所有这些服务都是免费的。

从某种意义上讲，美国的社区图书馆承担了很多公共教育功能，社会对社区图书馆的建设非常投入，有些社区图书馆的规模很大，甚至如同国内一般大学的图书馆。美国对阅读的重视从图书馆对儿童服务的重视程度就可见一斑，这可真正称得上是“从娃娃抓起”，几乎所有的社区图书馆都设有“story time”（讲故事时间）。紧邻我们社区的另一个社区图书馆，有3层，共2400平方米，其中一层全是儿童图书。对孩子们来说，到图书馆或玩或听或看或读，已经成为一种成长方式。

在美国小学做志愿者

儿子5岁，在美国读K年级。从2012年10月开始，我每两周去儿子班里做一次志愿者，主要工作就是协助班里的小朋友学习写字。我这样做的目的也是想了解一下美国小学的上课形式以及教育理念，结果发现与国内相比还真是有很多不同呢。

刚开学时，儿子的老师就强调："Handwriting without tears（没有眼泪的书写）."做志愿者之前，我主观地想，学写字估计应该是从字母学起吧。没想到，这个让孩子学写字的课程，其实根本就不是从ABC开始的。每个孩子都有一个本子，上面写着"我的笔记本"，本子的左边让孩子画画，可以随便画一幅，然后告诉大家画的是什么，讲的是什么故事；右边让孩子写字，讲述他们在左页上画的内容。起初，孩子们甚至用一两个字母表达他们的故事。譬如，孩子们可能只会写一个"M"，但意思可能是"Mommy”；有时他们写出的是“HS”，意思是“HOUSE”。老师说随着时间的推移，孩子们大概过一个月就会写完整的“Mommy”，而不会再用“M”来表示。老师和志愿者家长的工作是把孩子们要表达的完整意思写下来。

老师教孩子们认识字母时也不会单纯教独立的字母，更不会要求写几遍或者几十遍。老师会结合班里小朋友的名字或结合马上就要到的节日等方式来施教，比如，教孩子字母“T”时，老师会把班里孩子名字中有“T”打头的写在字母“T”下面，比如“Tom”“Tommy”；比如字母“H”下面，老师会贴上“Halloween（万圣节）”，快到感恩节（Thanksgiving Day）时，老师会强调对字母“T”的学习。

美国的课堂非常重视孩子的语言表达，老师提出问题，只要你举手，一定是所有的孩子都有机会表达自己的想法。但前提是你必须举手，不能只是说而不举手。我记得自己小时候在课堂上被叫起来回答问题的经常是某几个学生，他们是所谓老师“偏爱的学生”。如果没有小朋友举手，不敢确定自己的说法是否正确的话，老师就会鼓励孩子：“You can guess（你可以猜）.”我在儿子班里做志愿者以来，听到好多次这句话。

美国的教育重视孩子们的动手能力。在画画、写字之前，老师只负责分组，不会去帮小朋友拿他们的蜡笔或其

▲社区小镇上举办的酷狗巡游活动

他需要的东西。在我负责的组里，孩子们不需要提醒，写字、画画刚一开始，他们就去自己的格子里拿出需要的材料，等写字、画画完毕，又立刻将这些东西收拾好放回原处。美国的小学有snack time（吃零食时间），不过不是统一的时间，孩子们只要完成自己的工作，就可以去拿零食和饮料，早完成的早去拿。零食和饮料都被放在一个塑料筐子里，老师不会分发这些零食和饮料，孩子们会各取所需。

在美国的小学，很多大型活动和工作都是由志愿者来组织和担当的。在儿子的学校，有一个学校和家长之间联系沟通的委员会，完全是志愿者在做，每周四例行的各种活动都由这个强大的委员会来安排和实施，例如：学校和家长之间沟通信息的整理、复印和分发工作，召集家长志愿者，组织孩子们参与各种活动，等等。可以说，美国的志愿者文化渗透在社区、学校及社会生活的各个层面。

对于小学而言，学校的各个方面都是开放的，如果你愿意，很多活动家长都可以参与进来。这与国内不太相同。儿子在国内刚上幼儿园时，我很想知道他在园内的饮食及日常生活，很想去儿子的班里当志愿者，但却无法做到。孩子在幼儿园近三年，我对于孩子在园内的情况始终无从知晓，顶多是“听说”而已。

美国小学：期末无考试

从圣诞节一直到新年元旦是美国小学的冬季假期，假期来临，意味着一个学期的结束，而新年之后就是新的学期了。放假前夕，儿子从学校带回一封信，是关于他这学期在校情况的一个详细评价和说明。因为儿子是在K年级上学，我主观地想象，因为是K年级，学校并不看重学习的成绩，所以期末结束也没有成绩单之类的东西。后来才知道，并不是这么回事，不仅K年级没有成绩单，整个小学阶段都没有期末考试，当然成绩单也就无从谈起。

第一次见到学期评价，我满心好奇，仔仔细细地看。学期评价总共分数学、科学、社会学习、学习习惯、社会技能、阅读及书写几项。每一项下面都有老师对这个学生的评价，里面有老师对学生平时的观察以及学生表现出来的相关能力或欠缺。自始至终，没有一个评价是用分数来体现的。数学方面，老师说我儿子可以用英文数数和认识

30以内的数字，可以认识一些基本的形状；科学方面，老师的评语是：他几乎已经学会怎样做一个科学家，知道怎么推断以及怎么做实验，他会用放大镜和天平。

美国的教育非常重视孩子对于社会生活的学习以及交往、沟通的能力。在社会学习和社会技能这两项中，重视的是如何做一名好朋友、如何在小朋友围圈圈讨论的时候做一个有礼貌的倾听者、如何与他人合作、如何展现自信、如何尊重他人的意见、如何控制自己的情绪、如何担负自己的责任等。这些很重要吗？“70后”的我们在上学期间最被看重的几乎都是分数和成绩，而当我们从学校走出来，才知道需要从零开始认识社会、培养交流和沟通的能力，因为学校从来没有教过我们这一切。

据国内的朋友讲，她儿子才上一年级，考试已经像吃饭一样平常，孩子的老师甚至问她，你儿子不喜欢笑吗？朋友说，其实他是爱笑的孩子，只是严肃的气氛、频繁的考试让一个6岁的男孩在学校里笑不出来。

其实不用说小学，我儿子上幼儿园后，我每月都会收到一个幼儿园给家长的调查表，上面标明孩子会不会背诵在幼儿园教的古诗、会不会表演某个儿歌、认不认识某个英文单词，最后要求家长对孩子在幼儿园的表现打一个分数。——此时，作为家长，我感到颇为纠结和尴尬。儿子可能确实不会背某首古诗、不认识某个英文单词，但作为

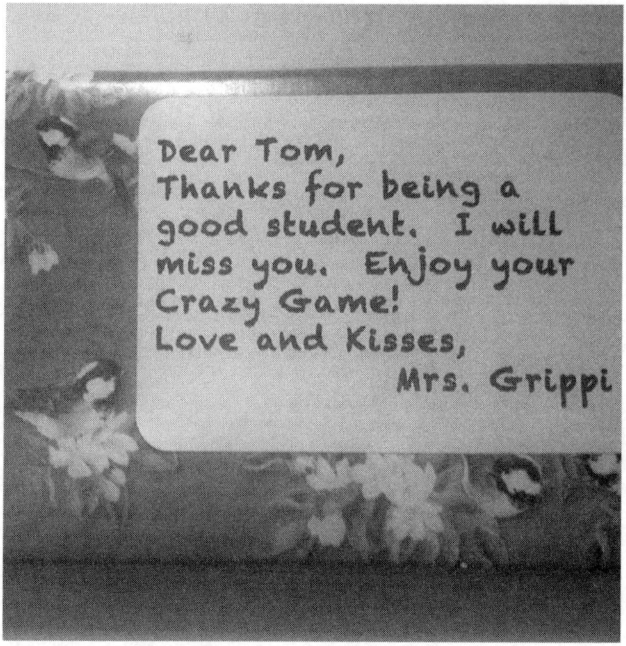

▲学年结束时老师送给孩子的礼物

家长，我其实也不想给他一个很低的分数……我可不可以不给孩子这个分数？不可以。有一次我真的不肯打这个分数，结果被幼儿园老师要求一定要填上这个分数的空白项。

而美国小学的学期评价，可以让我知道儿子在学校时的各种细节、各种表现。譬如，因为语言障碍，儿子有时候在小朋友们都专注于自己的事情时会走开，频繁去卫生间或去摆弄水龙头；在自由玩耍时间，他常常走到艺术桌那里去涂画，因为那里有纸和画笔可以随便用，也许是因为在那里他可以一个人乱画而不需要和别人沟通。我想，如果老师只是给孩子一个分数，那么除了这个分数，我很难知道分数以外的更多信息。

美国小学怎么教历史课

美国总统日为联邦节日，是美国的10个法定节日之一，定在每年2月的第三个星期一，与阵亡将士纪念日、感恩节等享有同等重要的地位。美国的总统日是为了纪念历史上两位备受尊敬的总统，即乔治·华盛顿和亚伯拉罕·林肯，他们刚好都出生于2月。在总统日这天，学校放假一天。放假前一天，儿子从学校带回一本自己做的小书，是有关林肯的。

面对这么小的孩子，应该怎么讲历史或者历史人物?还真让人好奇。我仔细地看他做的这本小书，小书只有4页，用4页讲述林肯的故事，怎样从一个住在小木屋里的穷苦男孩，一步步成长，长大后成了律师，并于1860年被选举为美国的第16任总统。一个5岁的孩子在这个过程中需要做的工作是把4张书页从一张大纸上裁开，按顺序排好页码，用订书机把书订好，最后，在第一页写上自己的名字。

美国的小学非常重视动手能力，经常让学生动手做一些东西，让学生在动手制作和玩的过程中体会，而不是完全靠老师讲解。

我想起这之前的假期——马丁·路德·金纪念日，这个纪念日也属于联邦法定假日，是唯一一个纪念美国黑人的联邦假日。放假之前，老师让儿子带回一个关于马丁·路德·金的8页的涂色小册子，主题就是马丁·路德·金的名言："我有一个梦想！"每一页都有一句话介绍马丁·路德·金的梦想，譬如：他梦想世界上的人们都被尊重，梦想人们可以一起工作、同工同酬，梦想人们为了自由而站在一起，等等，小册子的最后一页是让孩子们画出自己的梦想。

涂涂画画是5岁的孩子非常喜欢做的事情，给他这个小册子等于给他提供涂鸦的机会，在涂画的过程中，家长免不了要给孩子讲每一页上仅有的一行字说的是什么意思。那年的马丁·路德·金日连着周末，于是在那个长长的周末，儿子有事情可做了，他每天主动要求涂二至三页，并不认为这是在学习和了解美国历史上的重要人物，只认为是在涂着玩，而这涂涂画画的过程让他感到愉悦。

学校还让学生带回一页纸，让学生填一个表格，左侧是马丁·路德·金的名字、生日、家乡、爱好、梦想等，右侧与之相对应，是学生需要填写的内容，如自己的名字、生日等。就这样在写写画画中，历史人物也变得可触可摸了。我不确定儿子对这些历史人物到底了解多少，只是马丁·路德·金日之后，他喜欢说：“My dream is……（我的梦想是……）.”总统日之后，他告诉我，他去华盛顿特区时见过他做的小书里的林肯的雕像（他说的是位于华盛顿特区林肯纪念馆内的巨大林肯雕像）。

为了纪念马丁·路德·金，儿子所在的学区还组织其他高年级的小学生参加一个公益活动，让其捐出自己的一幅画或一个手工作品，在当天的活动中拍卖，拍卖所得用于帮助费城本地的低收入家庭儿童及无家可归的儿童。当天的活动不仅有小学生参加，社区的很多家庭也参与进来，募集物资给儿童、医院病人、老兵等。中学生还有相关的节目表演来纪念这位美国历史上助推公正、尊重、和平的重要人物。学校希望在各种活动中，学生们能真正地服务于社区、服务于他人，践行马丁·路德·金的精神。

在教科书之外，美国小学的历史教育更注重融入各种相关的活动中，让学生在亲自参与活动的过程中自己体会和感受；教学方法不强调背诵，而是强调历史人物与自己的关系。

当美国老师遭遇中国男生

作为一名男生的家长，入学以来，我已多次“被”和老师谈话。我从小就比较乖，我的家长好像从来没有被老师叫去谈话。然而现在，作为一名男孩的妈妈，面对的又是美国老师，从第一次和老师谈话开始，我竟然丝毫没有意识到：以后，我将要多次面对这个麻烦不断的小孩，以及相当尴尬和无奈的美国老师。

因为儿子每次放学都是自己走出来，他告诉我有个五年级的小姐姐每天放学后去教室接他和另外几位小朋友，到出口后便自己走出来，所以当我第一次远远地看到儿子和老师在一起，心中十分诧异。我走过去，老师面带笑容却相当严肃地告诉我：“Tom（儿子的英文名）今天躲在教室的卫生间不肯出来，怎么叫他，他也不出来，你需要和他谈一下。”儿子知道自己做的不对，也知道老师在说自己的情况，转身躲到出口处的门后边藏了起来。

儿子属于比较内向、不太爱表达的男生，这和美国孩子的风格有着很大的不同。我常去教室做志愿者，以我的观察，大多数的美国孩子都相当外向，他们会明确地表达自己的想法，而老师也总是鼓励孩子表达自己的想法。儿子由于受语言限制，刚开始时对他来说听懂都很困难，更不必说表达。和老师谈话的当天，我还收到了老师的电子邮件，说Tom总是频繁地去教室里的卫生间和喝水处摆弄水龙头，她理解其中的原因之一在于语言不通。老师说，她会尽力帮助Tom借助图画等方式理解故事，也希望我能教他几句简单的英语，比如："我可以去卫生间吗?"老师提出让家长和她一起帮助孩子，以便使孩子尽快适应陌生的环境。

从邮件中，我可以明显感受到老师的无奈与尴尬。老师说她也了解，亚洲男孩普遍比较内向，但是她不懂中文。我想，老师面对这样内向且语言不通的男孩，一时也难以适应吧，因此很着急。

后来，我又陆续收到老师的电子邮件，告知我孩子在教室里的一些情况。譬如，儿子逐渐认识了一些英文字母，去卫生间时会告诉老师，但还是不肯开口和同学们说英语。老师说，在一次"读书时间"，小朋友要自己找一个同学，读给对方听，我儿子却躲在积木堆中，叫他的名字，他也不答应。老师说，他大概是不想读书，也不愿意找同学来听他读。

顺便说一下，在美国小学的教室里，老师极少安排什么，如果需要两人或几人合作做活动，美国老师不会像中国老师一样，给学生分好组，而是学生自己找伙伴来合作。所以，老师写信让我和老公鼓励他多和同学们说英语，老师也希望我儿子早点儿提高英语水平，早日融入班级生活，因为在学校中有很多需要与同学们共同完成的学习活动。

比如，美国的小学非常重视学生社会能力的培养，在这个由五六岁孩子组成的K年级，他们每天都安排有“share time”（分享时间），每天都有几个孩子和大家分享自己的故事和想法，老师每周会安排不同的分享主题。有一次老师专门发来邮件告诉我，在“分享时间”内，我儿子有时会走开、有时会在地毯上打滚、有时会玩身边的玩具等。老师明确表示，这样做对讲话者不够礼貌和尊敬，希望他可以学习做个有礼貌的倾听者；也希望随着他英语表达能力的提升，会有更多的想法和同学们分享。在这样的过程中，让学生们学习讲和听、认识社会、知道怎样与人交往，是美国小学非常重视培养的能力。

时间过去了大半年，儿子终于可以在教室里与老师及同学用英文进行简单的交流了，老师会写信告知儿子的进步。但是新的问题又来了——我要面对男孩的天性造成的各种麻烦。譬如，有一次，儿子在放学时被老师送出来，因为他在教室帮他所认为的“朋友”打另一个男生；还有一次收到邮件，老师说我儿子至少把教室里十几支铅笔上的橡皮全部抠掉！当儿子不断地制造麻烦，我就要坚定地、不断地学习如何面对和处理这些问题。显然，征途漫漫。

美国孩子的“分享”和“轮流”

在搬到费城郊区之后的一段时间，因为没车，我就跟一个长期在美国生活的大姐一起去买菜。她说起在美国关于孩子的教育，有一些基本原则是不变的。“什么原则？”我有些好奇。她举例说：“比如‘分享（share）’和‘轮流（take turn）’。我儿子今年（2013年）要上大学了，从小他就被教育，要‘分享’和‘轮流’，如果不肯和别人分享，也就轮不到你。我前几天看学区的电视教育节目，依然强调这两点，这是他们美国人一直重视的理念。”

经她这么一说，我发现，“分享”和“轮流”在美国的确是称得上规则的理念。记得刚来美国时在公园带孩子玩，玩滑梯时，有个小男孩和他的姐姐一起玩，滑下来一次再接着滑的时候，男孩要求先上滑梯，哭得稀里哗啦，他的妈妈却很坚决地说：“轮流来，现在还没轮到你。”而在中国，遇到这种情况，家长则经常会对大些的孩子说：

“你能不能让着小弟弟小妹妹一点儿?”美国人的教育理念是“轮流来”!

在美国的社区公园里，一般都有孩子们的游乐区，在游乐区会有城堡、滑梯、玩沙子的玩具等，那些玩具平时就在沙坑里放着。如果别人正在玩而你也想玩的话，那就只能轮流玩。在这里，听到家长对孩子说得最多的话就是:“轮流来!”

在我们居住的小镇，公园旁就是小镇图书馆，对孩子们来说，从公园走进图书馆或者从图书馆走到公园都是再自然不过的事。在图书馆的儿童区，有一台电脑，里面有一些适合小孩子玩的益智游戏。在这台电脑的前面经常出现的情景是：一个孩子在玩，后面好几个孩子在焦灼地等待着。在这里，经常听到家长对孩子们说：“5分钟。”如果有人在排队，每个孩子玩的时间便是5分钟，焦灼或哭闹都无济于事，没有人规定，大家默认的规则就是这样——“5分钟”后轮到下一个孩子玩。

我慢慢地了解到，在美国人的理念中，“分享”和“轮流”是孩子在儿童时代必须要学会的。美国人认为，这是一项基本的社会交往规则，甚至是一项基本技能，当他们慢慢长大，处处都要“分享”和“轮流”。而越早学会这一点，对孩子的成长越有利。有位美国妈妈对我说：“你去超市购物或在路上开车不都需要排队和轮流吗？这是最基本的社会规则，所以孩子要早些知道这一点。”美国甚至有很多图书和DVD专门教家长如何让孩子懂得“分享”和“轮流”。

“分享”不仅是与人分享某种东西，也是分享思想和想法。在美国的小学，一般每天都会设定一定的时间让几个孩子来分享想法，每个孩子在学校都有自己的“分享日（sharing day）”。老师每周准备一个话题，孩子和老师围成一个圈，大有“坐而论道”之架势。在分享日，轮到的孩子要表达自己的想法、自己要说的话，其他孩子则要学习如何对讲话者做出礼貌而适当的回应。我想，这是一种理解之心。我儿子的分享日是每周四，由于语言的限制，最初他很难与同学分享自己的想法，也经常在别人分享时玩身边的玩具、在地毯上打滚甚至径自走开。老师便发来邮件与我交流这些情况，希望家长可以督促他改进自己，逐渐学会尊重别人，做一个有礼貌的倾听者。

在美国小学，对学生社会技能的培养是非常看重的，对学生的评价不靠分数论成败。一学期或一学年下来，我们所理解的“学习成绩”，在学校的总评价中只是一个方面；老师会从更多的方面来客观、全面地评价一个学生，而我们忽视的一些方面，恰恰是他们非常重视的。

课堂之外的美国小学教育

9月是开学的季节，开学没多久，按学校发的校历，就到了去镇上消防站参观的日子，全班同学都去。对此，我感到很好奇。

“你们去消防站做什么事情呢?”我问儿子。

“看电影，电影里教我们有火和烟雾的时候，要用湿毛巾捂住嘴，爬着前进。”说完，儿子就开始表演起来，在地板上嗖嗖嗖地爬，虽然是匍匐，但前进得好快。

“还做别的事情吗?”

“当然，我们还戴上消防员的帽子，拿软管子朝路面上喷水。可好玩呢!”

儿子觉得去消防站不是参观，根本就是玩，去学习怎么当消防员。他还很开心地告诉我，老师带着他们的零食，当完了消防员就开始吃零食——又吃又玩，当然开心。

从消防站回来那天，放学时班里的孩子都戴着消防站发的消防帽。再一看书包，里面还有一本小册子，用图画和游戏的方式告诉孩子用火的安全知识，小册子是让小孩子用来涂涂画画的。这种方式寓教于乐、寓教于玩，孩子们很容易接受。

除了去消防站参观，学校还组织学生去看大自然的变化、去剧场看话剧、去电影院看电影，在参与中了解社会。

走出教室开辟新的课堂，是美国小学教育方式的一部分。儿子所在的学区，小学老师常常把课堂“搬到”室外，在学校旁边的草地上完成他们的“教学”。比如，制作风筝、吹泡泡观察风向变化或画一幅画；有时候，老师也给学生展示各种动物的骨头，讲解动物知识。

美国小学很重视引导学生关注大自然的变化。对于K年级的学生来说，他们有一个持续了近20年的远足活动——在一年中的每个季节，老师都会带学生远足一次，观察大自然的变化。每次去远足，到达后，老师都会拿出一个很大的室外温度表，让学生记下室外的温度，而下一次远足，老师同样会拿出这个温度表，让学生了解季节变化带来的温度变化。

▲走出教室开辟新的课堂

老师带学生在大自然中行走，观察一草一木的变化：秋天用树叶拓印出美丽的图画，冬天踩雪，春天种花，夏天在湖边喂鸭子和鹅……孩子们在大自然中走走看看玩玩之后，就开始在室外画画。老师没有具体要求，孩子们可以画看到的、想到的任何情景。学年结束时，老师会将孩子们在一年中四次远足所画的作品，订在一起，做成一个小册子。

在整个活动过程中，除了老师负责孩子们的安排，引导、带领孩子们观察和记录的还有本学区高中的学生志愿者。在美国的学校，高年级学生带领低年级学生做活动或手工是非常普遍的现象。这样，在不同的年级之间，同学们可以交流互通；培养高年级学生的责任感；同时也在潜移默化中，让低年级的孩子知道自己到了高年级后也要带领学弟学妹们学习或玩耍。

如果家长有时间，可以志愿参与上面的所有活动，帮助带队前行，甚至还可以带着家里的其他兄弟姐妹一同前往——多数美国家庭不是只有一个孩子的。

当镇上有节日或其他庆祝活动的时候，小学生也经常参加。镇上有音乐节时，小学一般会有乐队表演；过万圣节时，穿着稀奇古怪的服装的小学生会在镇上游行；美国独立日游行时，参与其中的小学生会热情地散发糖果，甜蜜当道。

可以说，小学和小学生都是美国社区生活的一部分。美国的小学注重让学生在课堂之外了解社会、参与社会、关注自然，而不是只重视所谓的“学习”，做“真空”状态下只会学习的小书虫。

在美国小学开家长会

在第一次去参加儿子学校的家长会之前，我对在美国怎么开家长会一无所知。

因为之前收到老师发来的单子，让在上面选择自己方便的时间来开家长会，我还以为老师是要大概看一下大多数家长方便的时间，然后再订出一个具体时间让大家去开家长会。当我和儿子按约定的时间到达教室，让我吃惊的是，偌大的教室里只有儿子的老师Mrs.Grippi一个人，她正满面笑容地等着我们。莫非我记错了时间？怎么没有其他家长？

彼此问候并落座后，Mrs.Grippi和蔼地问儿子："Tom，你喜欢玩积木还是画画？我要和你妈妈聊聊。"儿子选择了去玩积木。这时，Mrs.Grippi才和我聊起来。Mrs.Grippi是怕谈到敏感话题会伤孩子的自尊吧，所以等他走开才开始说。在开这次家长会之前，老师专门交代不要带孩子，但我因为没人帮助带孩子，只好带着他一起来。在美国，有时候学生是可以出现在家长会上的，需不需要学生出席，老师会提前告知。

老师的桌上放着一大摞材料，都是孩子在课堂上完成的各种作品，被称为“work”：有涂鸦的画、有手工作品，还有书写的一些英文字母和单词等。Mrs.Grippi把这些平时上课时收集的东西展示给我，在一旁解说：“你看，Tom能够独立画一幅画，但因为语言限制，他很难用英文来描述他的画是什么意思。”

她还告诉我，Tom可以认识和书写30以内的数字，表现出很好的数学和科学天分；能很好地使用天平；会做一些试验，比如用醋和面粉做火山喷发的模拟试验……而做这些事情不会受到语言的限制。Mrs.Grippi用大约5分钟的时间告诉我孩子在学校的基本情况。她说的都是些细节，而不只是简单地告诉我孩子表现得好或不好。美国教育注重细节，我的感受越来越强烈。

我看到老师收集整理的这些孩子们的“work”，很感动。后来我慢慢知道，收集整理孩子们的“work”是老师的日常工作之一。老师认为，一个学期下来，这样会很容易地看到一个孩子的进步，时间会给予一切以清晰的证明。比如书写，老师不会要求孩子们在开学之初就达到完美的程度，孩子们在课堂上书写的时候，老师甚至不去纠正他们的书写和拼写错误，而是让孩子们慢慢体会和自己修正。期末他们只要把这些作品展示出来，孩子们的进步就显而易见了。

儿子在学期开始时画了一幅房子的画，他想在旁边表示“house”这个意思，只用了“h”和“s”两个字母，而到了学期末，他基本上就可以完整地拼写很多单词了。家长会结束之后，家长就可以把这些“work”带回家了。Mrs.Grippi说：“乐享孩子的进步吧！”

接下来，Mrs.Grippi拿出一个评价表格，上面大概有20多项内容，包括“是否能全身心听讲”“做完自己的工作后是否能收拾整齐”“是否能对自己的书包及物品负责”“是否对自己完成的作品充满自信”“对班级讨论的贡献”“别人讲话时是否专心倾听、充满尊重”“在班里有没有好朋友”“吃完零食后是否主动收拾卫生”等，每个项目又都有几个选择项——“总是”“偶尔”“极少”“从来不”。Mrs.Grippi对照孩子在班里的情况向我一一说明。这些项目细致又明确，看过之后，我清楚地知道了儿子这学期的表现情况。Mrs.Grippi专门指出，请家长敦促孩子在校时要尊重正在讲话的同学，不要在别人讲话时随便走动。

我感觉美国老师并不是那么注重所谓的学习成绩，而是对孩子们的行为更加重视。他们重视表达、重视对孩子们自信心和责任感的培养、重视孩子们与他人相处时的举止恰当。他们要求孩子们从小就学做合格的公民。

后来，我又去儿子的班里开过两次家长会。在美国开家长会一般是在学期末，由老师和家长一对一面谈。在开家长会期间，有两三天的时间学生停课，老师安排好时间和家长一一会面，与每位家长的交流时间大约为15分钟。

美国小学贴什么海报

我读小学时，班里贴着这样的诗句：“书山有路勤为径，学海无涯苦作舟。”——估计全中国的小学那时都贴过类似的警言吧？这大约算得上是班训和校训了。

美国小学贴什么呢？

以我儿子当时就读的美国小学为例，来看看他们的海报。这所小学位于宾夕法尼亚州费城郊区的纳伯斯小镇。走进学校的走廊，会看到墙壁上很多地方都贴着这样一张海报：“No place for hate（让恨无可栖身）.”作为家长志愿者，我多次出入小学的图书馆、教室、多功能厅等，到处可见这样的话语。最初我并没想到这是他们的校训，后来学校和家长还围绕这个主题组织过一些公益活动，我才逐渐明白这就是校训。

还有另外一种内容的海报在学校里到处张贴——RESPECT（尊重），即：

Resposible（有责任心）

Empathetic（同感心）

Safe（安全）

Polite（礼貌）

Engaged（积极）

Cooperative（合作）

Thoughtful（关切）

“RESPECT”是学校倡导的学生在校和乘坐校车时的最基本规范。学校还分阶段引导学生学习和遵守这些规则。不同的年级有不同的侧重点，儿子所在的K年级，老师尤其注意引导“责任心”和“安全”这两点。老师会在细节上要求孩子们，比如，学前班学生需要知道自己的准确家庭住址、父母的电话号码、自己的物品要放到自己的储物格里、书包要自己整理、上下校车时必须慢步走绝不能大跑，等等。我多次看到老师对从校车上下来撒腿就跑的孩子说：“请退回去！慢步走，不要跑，谢谢！”跑步的小男生、小女生只好乖乖退回车上，重新下来，然后慢步走进学校。老师曾多次发邮件告诉我，Tom放学时常常不拉好书包拉链，书本差点儿掉出去，有时还跑到带队的五年级学姐的前边去……老师希望我督促孩子慢慢学会对自己的物品负责，知道一些基本的安全常识和秩序要求，等等。

除了类似校训和班训的海报，美国的小学里经常会贴一些关乎学生礼貌行为的海报。儿子曾经在学区里的另一所小学上夏令营，夏令营结束时，学校邀请家长去教室参观。我看到教室里贴着这样的海报——“good manner(有礼

▲夏令营教室的墙壁上挂满小学生做的各种手工作品

貌)”和“bad manner（没礼貌）”，对于什么是礼貌的举止、什么是不好的行为，每部分都列有七八项。

在教室墙壁和教室外面的走廊上，常常张贴着学生本人或学生和家人在一起的照片，内容有“关于我”“关于我的家庭”“关于我的名字的意义”“我的兄弟姐妹”“我的爱好”“我的梦想”“我下学期的目标”……有的孩子的目标是“学习拼写”，有的是“做个有礼貌的人”，有的是“交个好朋友”，等等，孩子们都郑重地在上面签下自己的名字。学生如果做了什么事情违背了自己的承诺，老师就会提醒：“你忘记自己的目标和承诺了吗？”从走廊穿过，看着这些稚嫩的字迹，看到许许多多的笑脸，我感觉很温馨。

另外，墙壁上还经常挂满小学生在课堂上做的各种手工作品。每件作品都写有作者的名字，所有的作品都挂在墙上，不评优劣。美国的教育重视学生动手能力和创新能力，所以没有一个标准答案供观摩，每个人的作品都是独一无二的，可以发挥自己的想象，并把想象落实到作品上。

美国是一个具有基督教背景的国家，学校里的不少海报都教学生要懂得“爱”和“尊重”，以及一些基本的社交原则，注重对学生品格的培养和提升，并不强调“勤学”“苦读”。

美国小学的“拇指”教育

一直听说美国在对孩子的教育方面多是“拇指”教育，更多的是对孩子进行表扬、赞美，而不是批评。其实作为中国家长，对此我多少有些怀疑。一味地夸赞孩子，孩子会不会没有规矩，不知方圆？为此，我还与在美国西雅图的好朋友私下沟通过，她也觉得，老美对孩子的表扬貌似过分了点儿。

刚在美国入学不到三天，有一天放学出来，儿子就跑过来高兴地对我说：“说‘很棒’不光说‘Good job’，还说‘Exce——’”

“Excellent!”

“对，Excellent。”

“那你做了什么事情老师表扬你呢？”

“我也不记得了。反正老师今天表扬我很多次‘Good job’‘Excellent’！”说完，这个5岁的男孩就乐颠颠地跑开了。

我甚至觉得，儿子在美国最早学会的两个词大概是“good job”和“excellent”。因为，他太多次听到老师或同学说这两个词。在一个语言不通的环境里，他竟然完全可以根据语境判断出那是老师表扬自己的话，收获满满的快乐心情。

“Good job（很棒）”“Excellent（极好）”“Great（很好）”“Good try（很好的尝试）”“It’s a good idea（好主意）”，无论是在学校还是在家里，美国孩子都生活在周围人的赞美中。我还发现，被赞美的美国孩子也很善于赞美别人。儿子曾经邀请他的好朋友夏洛特来家里玩，这个同样是5岁多的女孩，对我准备的每一种零食都赞美有加，不停地说：“很好吃，谢谢！”让我很开心。

儿子性格比较内向，也不太懂得赞美别人。但在美国的一年多时间里，我吃惊地发现，和他一起玩积木或在外面游戏，我这个妈妈也经常被表扬“很好”“很棒”。“很好”“很棒”，几乎成为他的口头禅。而之前我经常得到的封号是“妈妈真笨”“笨妈妈”。儿子的变化让我很欣喜，他变得稍微外向了一些，比从前更加快乐、阳光。

刚到美国的半年左右，儿子在学校基本上是一直浸泡在语言不通的环境里。至今让我比较吃惊的是，他对这个语言不通的学校竟然从没抗拒过，每天都是高高兴兴地去上学。甚至，因为家离学校比较近，他还要求自己上学，不要我送。看着那个小小的背影下楼梯、出门、穿过马路，我还是不放心，悄悄躲在一棵大树后面，偷偷地看儿子蹦蹦跳跳地走过学校后面的操场绿地，奔向学校。在西雅图的朋友告诉我，她儿子也是每天兴致勃勃地去上学，而在上海时，他是那种不太喜欢上学的孩子。看来，美国小学比较会哄小孩子。

2013年9月，儿子回国读小学一年级。他每次在学校得了小贴画回来都会炫耀一番，更多的时候，老师比较吝啬表扬和赞美。语文、数学往往是以分数衡量的，一般考100分的孩子就会得到表扬，而美术课上的绘画则不以分数衡量，老师会给“优”或“良”。我看到儿子的作品两次都是“良”，便和家人开玩笑：“老师够小气的，这么好的作品连个‘优’都舍不得给。”一年级的孩子常常睡眼惺忪地起床，一到学校就要迎来一场考试，每天放学后的作业大约要用两个小时才能完成。在应试教育的大背景下，中国的家长也时常觉得无能为力。为了让儿子早点完成作业，我总是不由得督促、呵斥孩子。有一次，在被我批评了一通后，6岁的儿子离开学习的桌子，走进自己的房间关上门，我从门缝中看到他的眼泪。貌似胜利了的我心中顿时五味杂陈。

诗人纪伯伦曾说：“你的孩子并不是你的孩子，他们是生命之火的儿女。他们通过你来到人世，却不是你的化身，他们整天和你生活在一起，但并不属于你。尊重孩子，首先把孩子当作一个人，其次才是你的孩子。”

我们应该怎样对待孩子？这真是个问题。

▲美国小学课堂

美国孩子为什么喜欢上学

“今天在学校有什么好玩的事情吗?”

在美国，放学接孩子时我经常听到家长这样问孩子，而送孩子上学时，他们常说：“祝你今天过得愉快!”孩子们看上去都很享受校园生活。

在美国，孩子为什么喜欢上学？这是我脑海中常常浮现的一个疑问。

我想，除了他们在教育理念及教育方式上注重学生个性及创造性，孩子喜欢上学还与学校设定的各种活动及主题日有很大关系。

美国小学不会错过各种节日派对。万圣节、感恩节、圣诞节、情人节等，在班里都有派对活动。派对时，家长志愿者会把需要的水果、蛋糕等送到班里，孩子们在班里尽情享受派对的欢乐。儿子因为圣诞节前夕请假去奥兰多的迪斯尼乐园旅游，错过了班里的冰激凌派对，一直耿耿

▲情人节在美国是个很宽泛的节日，图为孩子送给老师的贺卡

于怀，埋怨了我很长时间。

这些节日派对能够让孩子们度过欢乐的时光，还有一些好玩的主题日，如“温暖日”“100日”“反向日”“水日”等五花八门的日子也是孩子们期待的。在“温暖日”那天，孩子们可以穿睡衣上学，还可以将小毛毯、睡觉的枕头等带到学校，好像要去学校睡一天的样子。在“100日”那天，每个孩子都要带100个相同的东西到教室（这些东西用来锻炼孩子们的数数能力），有的小孩带100块糖，有的带100张贴画，有的带100条皮筋等，老师组织大家分享；在“反向日”那天，孩子们都倒着穿衣服，倒着背书包，一切都倒着来；在“水日”那天，孩子们以玩水为主，他们穿着游泳的衣服去上学，到室外肆意玩水，有点像泼水节的样子；在万圣节时，孩子们穿着各式各样、奇奇怪怪的服装去上学。

这些特殊的日子给人的感觉是不但“好玩”而且“温暖”。在班里玩得好、做得好的孩子可以经常得到奖品。儿子常常在放学时拿着小玩具出来，说那是他得到的奖品。有时候，并不是我们所理解的优胜者才能获得奖励。我曾经去班里给老师当帮手，组织孩子们玩一种卡片游戏，起初，我以为是只给赢的同学发奖品，结果老师告诉我：“每位参与的孩子都会获得奖品。”

过生日的孩子会在生日当天戴上老师准备好的生日帽，接受老师和同学们的生日祝福，还会得到一支印有“生日快乐”的铅笔。能在学校过生日是我儿子的梦想。但因为儿子的生日是在暑假，我告诉他那时学校都放假了，这个梦想不能实现，但是2013年1月的一天，儿子放学时却头戴生日帽、手拿生日铅笔，乐颠颠地跑出来了——老师竟提前半年为他过了生日！后来我知道，为了每个孩子都能得到这份快乐，老师给每个在暑假过生日的孩子，都提前过了生日。

学校不是一个只教孩子们“学习”的地方，而是一个好玩又温暖的地方。哪个孩子会拒绝这样好玩又温暖的所在呢？

▲美国小学教室一角

美国小学的家长志愿者

一天，儿子问我："你什么时候还去我们的教室做志愿者？"

"下周四就去啊！"

儿子在美国小学上学时，总是惦记着哪天我又该去他的教室里做志愿者了。

从2012年10月开始，我每两周去儿子的班里做一次志愿者，主要工作就是协助班里的小朋友学习写字。这个让初入小学K年级的小学生学习写字的课程，需要大量的家长志愿者参与，因为课程每周会安排3次左右，只有一名老师关照20名左右的孩子显然不现实。于是，学校就召集大量的家长志愿者，有时教室里会有3名左右的家长志愿者在帮忙。家长志愿者的工作是把孩子要表达的完整意思用正确的文字写下来。

其实这只是学校志愿活动的极小一部分而已。家长有很多机会参与到学校活动的各个方面，做家长志愿者。在学校开学之初，家长会收到一个资料，告知学校哪些方面的活动需要志愿者，家长对哪方面感兴趣，报名即可，非常简单。譬如，学校图书馆需要家长志愿者定期去帮助整理图书，学校各种节庆活动需要志愿者帮忙，各个班级都有自己的工作不定时需要家长协助。

而安排这一切的是一个叫 Home School Association（简称 HSA）的组织，可以翻译成“家庭学校联合会”。这个联合会的成员都是志愿者，他们每年会定期开会，选出会长及成员，各负其责，分管不同活动。平时学校的一些日常工作，如每周四例行的学校和家长之间沟通信息的整理、复印和分发，召集家长志愿者，组织孩子们参与各种运动，手工俱乐部等工作，都是由这个强大的联合会安排和实施的。当然，所有这些工作都是没有任何报酬的，因为家长都是志愿服务。在美国的小学，学校的很多大型活动和工作都是由志愿者组织和承担的，学校只负责配合、提供活动场地等。

HSA 为学校所做的工作可谓五花八门、无所不包。感恩节、圣诞节等大型节日，各个班级一般会在教室里举办 party。HSA 会征集家长送的各种食品，做 party 之前的准备、之后的整理等工作，举办图书博览会并在学校现场售书，志愿者也会在书会的各个环节帮助小学生。万圣节前夕，HSA组织家长售卖南瓜（因为在万圣节期间，美国家家都摆放南瓜做装饰）；春天，HSA组织家长售卖鲜花；平时，HSA组织家长给老兵、贫困儿童、无家可归者募捐。

不得不说，民间组织HSA在家长和学校的沟通方面起着巨大作用，甚至，还有着强大的筹款能力。HSA经常组织体育比赛或游戏活动，家长和学生若参加需购买门票；家长志愿者们在会场外也会卖一些饮料、小食品等，他们所有的活动都会明确告知大家目的是什么：有时是帮助贫困儿童，有时是为学生购买相关的运动器材或设施。HSA甚至还和附近的大型超市联系，设置一个网址，家长只要在这个网址上注册了自己的超市会员卡卡号，以后在此购物时，消费金额中的一定比例会自动转到学校的账户上。

对于小学而言，学校是开放的，如果你愿意，家长可以参与很多活动。HSA做任何活动都会和家长及时沟通，涉及钱款等项目的更是随时沟通。

后记

补谈美国教育、规则兼及中国 / 任孟山

书稿交上后，编辑急了，说：“任老师，字数不够！”

我愣了一下：“那咋办？我想说的都说完了。”

“找个人写序行不？”

“不行。麻烦别人，没这习惯。”

“您想想，还有想说的不？”

“好吧，我想想。”

其实，也不是没有想说的，只是怕废话太多，讨人嫌。

另外，教学任务和科研任务压身，惰性一发，人就懒。

不过，既然编辑愿意让说，就顺水推舟，补充一些对书中谈及话题的看法，以及没有深究的议题，顺便进行比较。

关于教育

先谈最熟悉的行当：教育。

如果从2000年入行开始算，自己在大学教育这个圈里已经有17个年头了，日后若无激烈他想，恐怕会终老此业了。

总体感觉，美国的大学生更用功些。可能是中国的学生，从小学到中学，被压抑太久了，紧张的时间太长了，到了大学反而不再用功了，马放南山，不自觉地懈怠了。我看到读小学的儿子每天放学后忙活着写作业直到睡觉之前，经常想："有必要写这么多作业吗？"所有时间都用在写作业上，挤压了孩子做其他事情的时间，也培养不起或者耗掉了孩子干其他事情的兴趣。不过，我不能干涉，如果他完不成作业，第二天返回教室来自同学和老师的压力是很大的，我太理解了，在那种场合受批评，对孩子的自信心绝对是极大的打击。所以，我一方面不觉得写那么多作业有必要，另一方面还不得不看着他写那么多作业。

但是，孩子们从小学到中学的高强度学习，其后果是上了大学之后的突然松懈。我们的大学生，在学习问题上，醒悟早的可能是大二开始用功，醒悟晚的大三开始，也有一直不醒悟的，四年不知怎么就混完了。美国的学生，则是从小学到中学，相对于中国的学业，要轻松些，自主性也强些；到了大学，学了自己的专业，特别是喜欢的专业，就开始猛用功。

至于到了研究生阶段尤其是博士教育阶段，更是如此。非常重要的原因是美国人特别拿学问当回事儿。在课堂的讨论中，大家会投入地参与，从发言来看，明显能看到前期做了很多功课。讨论场域所形成的氛围，让不参与的人会觉得很尴尬。混学位的美国博士生，我还没遇到。在美国读博士的中国学生，同样非常用功，就我个人观察而言，比在中国读博士的学生，实在是用功太多了。

我想过这个问题的原因，能够总结出的大概有两条，一是个人因素，出去读博士的学生，主动性较强，并且，能够出去读博士，被美国学校录取，本身可能就比很多人优秀；二是制度因素，因为不认真读书，根本不可能毕业，想混个博士帽子戴戴的概率几乎不存在，所以必须扎扎实实地读书，写论文。相对而言，国内的博士学位太好混了，不仅学制短，而且毕业不难。

美国的好多博士学位能够四年读出来据说已属光速，五六年读出来算是正常，中国的博士学位多数学校的学制最少学年只有三年。甚至，很多人在职读博士，比如中国的官员，课程没见上几次，竟然一样能够三年毕业！我实在很难想象他们是怎么读书、什么时候写论文的，只能认为他们是超人，具有非同一般的能力。不过，这方面我们也开始严格起来了，不但有的学校把博士学制最少学年改成了四年，而且加强了在职读博人员的管理力度。

由于美国的博士难读，人们特别在乎博士这个头衔，即使官阶很高，大家同样称其为“博士”，中国人最熟悉的例子就是基辛格博士了。基辛格曾经官至美国国务卿，但是天天拿出来晒的都是博士头衔，而不是官衔。我们正相反，晒出来的是官衔。在通行的意义上，“博士”意味着你拥有专门学问。所谓专门学问，是说你在某一个知识细分领域，有着系统的了解、理解和自己的认识、见解，甚至是独到的观点。

当然，中美之间在这个问题上的差别，还意味着官本位思想在中国社会的根深蒂固。美国的官，是阶段性的，干完自己这一届或两届，就离开官位，该干吗干吗去了。中国的官，是终身制的，好多人除了做官，不会干别的，没有别的技能。我们的改革，正在打破官员的终身制，让公务员能进能出，这是个好的方向。

此外，我们有那么多官员可以在百忙之中拿到博士学位，则是对知识的轻视，甚至蔑视。很多人戴上博士帽子，不是要做学问，而是想借此增加升官的筹码。这里面的吊诡逻辑是他们能够轻而易举地拿到博士学位，反而更加慢待知识，认为知识就是那么回事儿，似乎很轻松地就把博士学位拿到手了。

同理，接下来的吊诡逻辑是对知识分子的轻视和蔑视。因为混到手的博士帽子都是具有相应身份的知识分子颁发的，这些人以廉价知识批发博士帽，自己当然也就跟着廉价，不会得到官员乃至整个社会的尊重。我亲耳听到有人酒后吐真言，谈及某人时说："不就是个教授嘛，能办什么事啊?"言下之意是教授手中的知识没啥用，没啥资源可用来交换，什么事情也不能办。其实，相对于官员的权力与商人的金钱，知识分子唯一拥有的就是知识，如果自己都不尊重知识，别人不会尊重你。

所以，在美国的访学经历让我对高校招聘海外博士有了新的看法。我原来认为所谓招聘海外博士是歧视本土博士，有崇洋媚外的嫌疑。但是，经过比较，我认为毕业于发达国家高校的博士，尤其是好大学的博士，基本功确实更扎实。当然，土博士比洋博士优秀的案例也不少，"一刀切"肯定有问题，而且，我们也没有必要自我矮化，搞得没有一点自信心，尤其是在人文社会科学领域，土博士对中国文化、政治与社会的理解和体悟，有自身的优势，但是，难以否认的是就整体而言洋博士的特点还是比较明显的。伴随中国改革开放的深入，中国高校的国际化更为深入，未来可能在这方面能够补上短板，土博士与洋博士的差别也许会缩小。老话说，一分耕耘一分收获，书读得多，学位的含金量就高，拥有的货真价实的内容就多；书读得不多，就不能毕业。我们不拿读书当儿戏，知识自然就会受到尊重。老外常常把博士挂在嘴边，潜台词是他读书多，吃过苦，受过训练，具有专门知识。

关于规则

再谈点儿关于规则的内容。

每个人的行为、每个社会的运转，都有自己的规则。没有规则，个人行为与社会运转便都会乱套。规则是一整套指引和约束个人与社会的行为方式和运转模式。有成文的显规则，比如法律、规章、规定等；也有不成文的潜规则，比如送礼、请客、面子等。在很多具体事项上，潜规则的威力甚至超过显规则的威力，就像中国流行的送礼，不执行这个潜规则，往往办不成显规则上写明能办的事情。目前执行的“八项规定”、反“四风”等，都是对这些方面的坚决约束。

从规则的意义上讲，美国与中国的不同，无非就是规则的不同：个人行为的规则不同，社会运转的规则不同。就整体而言，一个社会越发达，显规则越多，潜规则越少。显规则能够清晰地告诉人们应该做什么，不应做什么；潜规则也能隐晦地部分实现这个功能，但是由于潜规则在很多方面不合理甚至不合法，对个人和社会的指引功能是不确定的。

正是由于这个原因，一个国家的潜规则泛滥意味着社会运行会付出极高的成本。经常听到有中国人说美国人“傻”，事实是由于美国社会的显规则多，潜规则少，人们做事按照显规则来，而不是按照潜规则来，所以显得“傻”。其实，不是别人傻，是我们太“聪明”了，“聪明”得过了头，以至于每个显规则出现，大家马上就能找到其漏洞，发展出潜规则，正所谓“上有政策，下有对策”。

也经常有朋友讲，在中国待久了的外国人会变得很“贼”，就是说他知道了中国社会的某些潜规则，不完全按照显规则来做事了。中国人经常说某人“会做人”，其实含意是此人为人处世在某种程度上能够遵循潜规则。好多领导和老师会教育下属和学生，“要做事先做人”，因为不会“做人”，不遵守潜规则，就没办法做成事。显然，这并不符合文明社会的运转方式和发展方向，人再呆都能做成事的社会，才是理想社会。

而且，如果大家不遵守显规则，老是搞潜规则，导致的另一个社会后果就是人与人之间的信任度很低。比如，送礼之后还得琢磨收礼人靠谱不靠谱、收礼人到底会不会出力办事、礼送得够不够分量……如此一来的吊诡逻辑是

“收礼办事”的官员明明是个腐败分子，却往往有不错的口碑，因为送礼的人心里也有鬼。这是用钱财让人用潜规则打破显规则，甚至违反显规则为自己办事：事情办成了，礼没白送，值；办不成，绝大多数都没法要回来，只能认倒霉，认怂。

一个社会显规则与潜规则的多与寡，甚至会影响到社会职业的分布和职业声誉的高低，特征体现最为明显的是美国律师与中国律师。之所以以律师为例，是因为律师是一个社会中最知道显规则的群体，最懂得社会是如何按照显规则运作的，什么样的显规则能够使哪些人受益，什么样的显规则能够使哪些人受到伤害，什么样的显规则更兼顾公平和正义，什么样的显规则更倾向于既得利益群体。律师，是最清楚其中要害的群体。如果个人或组织出现了利益获得、利益纠纷、利益分割等问题，如何依据显规则获得最大利益或者利益受损最小，都要起用律师，由他们代表当事人向法律机构说明、解释和争取。由于这是一门专门技巧，需要付出脑力劳动，所以，按照正常的逻辑，律师在每个社会中，都应该是收入较高的群体以及职业声誉较高的群体。然而，在美国律师和中国律师之间进行比较，我们会发现很大的差别。从收入上讲，除了收入最高的医生群体之外，美国律师始终位于非常靠前的位置，中国律师则达不到这种程度；从声誉上讲，美国律师的职业声誉和社会声誉很高，如果加以旁证的话，很多人都知道，美国的不少总统都是律师出身，克林顿总统、奥巴马总统都是律师，他们的夫人也都是律师。

在这个意义上讲，律师的收入及声誉大约可以反映显规则在一个社会中被使用的程度和高度。中国律师群体在一二线城市、三四线城市以及农村的人数分布显示：越是经济发达、竞争激烈、公正性体现高的地方，律师的需求量越高。因为城市社会是陌生人社会，不是乡村社会中的熟人社会，陌生人之间做事需要遵循显规则，有了利益纠纷之后，也需要遵循显规则来解决。当代中国由于房价高、生活成本高等原因，很多人逃离北上广等一线城市，但是不久之后很多人又返回北上广，其中一个重要原因就是，这些在北上广生活已久的人们，回到三四线城市，发现显规则的使用率较低，而自己又不属于善于使用潜规则的人，于是，不得不返回北上广。相对而言，有真本事的人在一线城市，更有机会找到让自己发光的地方。

反观美国，这些群体的职业声誉和社会声誉要好很多，在财富的社会分配中，这些群体的价值也得到了充分体现，不论是律师还是医生，都是如此。正是从这个意义上来讲，中国持续推进的法制建设是漫长而又迫切的战略议题，我们要用清晰的显规则挤压潜规则的使用空间和生存空间。

结束语

恰如每个人都是独一无二的，每个国家也都是独一无二的，美国如此，中国亦如此。

因为，每个国家都有独一无二的过去，每个国家当下的存在与运转，身上都扛着沉甸甸的历史，现实的通畅或羁绊往往来自于过往的沉积。两百余年的美国如此，五千年的中国亦如此。

因为，每个国家都有独一无二的现实，每个国家对历史的解读与解释，都来源于鲜活的当下。“一切历史都是当代史”，曾经被打倒的“孔老二”如今又成为复兴古典文化的模范，这不是历史的召唤，是现实的体现。

不过，历史不能解释全部现实，曾经有着相似历史甚至相同历史的国家，最终却走出了完全不同的道路，最为明显的例证是曾经的西德与东德，如今的韩国与朝鲜。之所以如此，当然有很多缘由，但重要的缘由是规则的不同，任何体制、机制都是一种规则或者规则群。

在这个意义上讲，每个国家的文化、音乐、美术、饮食、生活爱好、伦理认同，可能是没有办法学来的，只能彼此好奇或欣赏；但是，好的规则——能够让人更自由尊严地生活的规则、能够使社会更透明安全地运行的规则、能够让国家更文明富饶地发展的规则，是可以相互学习的。

图书在版编目（CIP）数据

美国细节/任孟山，赵永颜著作. —太原：山西教育出版社，2017.6

ISBN 978－7－5440－9255－5

Ⅰ. ①美…　Ⅱ. ①任…　②赵…　Ⅲ. ①美国－概况　Ⅳ. ①K971.2

中国版本图书馆 CIP 数据核字（2017）第 096417 号

美国细节

MEIGUO XIJIE

出 版 人：雷俊林
责任编辑：刘晓露
复　　审：郭志强
终　　审：刘立平
设计总监：陈　晓
印装监制：贾永胜

出版发行：山西出版传媒集团·山西教育出版社
（太原市水西门街馒头巷 7 号　电话：0351－4035711　4729801　邮编：030002）
印　　装：山西新华印业有限公司

开　　本：889×1194　1/32
印　　张：8
字　　数：136 千字
版　　次：2017 年 6 月第 1 版　2017 年 6 月山西第 1 次印刷
印　　数：1—3 000 册
书　　号：ISBN　978－7－5440－9255－5
定　　价：29.00 元